Leben mit Behinderung Hamburg (Hg.)
Ich kann mehr!

Leben mit Behinderung Hamburg (Hg.)
Redaktion: Mathias Westecker ■ Nadine Voß

Ich kann mehr!

**Berufliche Bildung für Menschen
mit schweren Behinderungen**

Mit Unterstützung der Software AG-Stiftung

53° *Nord* steht für ein praxisorientiertes Publikationsangebot zur beruflichen Teilhabe von Menschen mit Behinderungen. Gleichzeitig schaffen Agentur und Verlag Arbeitsplätze für diesen Personenkreis.

Wir wollen mit unseren Büchern und Medien Fachwissen und Alltags-Knowhow verständlich verbinden, bewährte Ansätze und Konzepte bekannter machen und neue, zukunftsweisende Ideen vorstellen.

Für all das steht unser Verlagsprogramm.

Bibliografische Information Der Deutschen Nationalbibliothek
Die Deutsche Nationalbibliothek verzeichnet diese Publikation in der Deutschen Nationalbibliografie; detaillierte bibliografische Daten sind im Internet über http://dnb.d-nb.de abrufbar.

53° Nord Agentur und Verlag
Ein Geschäftsbereich der Elbe-Werkstätten GmbH
Behringstraße 16a
22765 Hamburg
040/414 37 59 87
info@53grad-nord.com
www.53grad-nord.com

2. Auflage 2012

© 53° Nord Agentur und Verlag, 2011
ISBN 978-3-9812235-5-2
Lektorat und Koordination: Hartwig Hansen, Hamburg
Fotos: Petra Amende und Angelika Ceh-Schaper
Lithografie: ReproTechnik Ronald Fromme, Hamburg
Druck und Bindung: druckwerk der Brücke Neumünster gGmbH

Inhalt

7   Grußwort der Software AG-Stiftung

9   Geleitwort der BAG:WfbM

11 Mathias Westecker: Jeder Mensch will notwendig sein!

17 Wolfgang Lamers: Berufliche Bildung und Orientierung von Menschen mit schwerer und mehrfacher Behinderung

45 Theo Klauß: Bildungsangebote im Bereich Arbeit und Beschäftigung für Menschen mit hohem Hilfebedarf

69 Sebastian Tenbergen: Arbeit für Menschen mit schweren und mehrfachen Behinderungen – Was der Gesetzgeber vorsieht und welche sozialpolitischen Perspektiven existieren

84 Torsten Lengsfeld: Träume?

93 Stefan Doose: Persönliche Zukunftsplanung in der beruflichen Orientierung für Menschen mit schwerer und mehrfacher Behinderung

112 Nadine Voß: Feinwerk – Berufliche Bildung und Orientierung für Menschen mit schwerer Behinderung

205 Redaktion und Autoren

Grußwort der Software AG-Stiftung

Vor dem Hintergrund unserer Förderschwerpunkte begrüßen wir ausdrücklich die Initiative der verschiedenen Fachleute, die zur Entwicklung eines Modellprojektes und zur Dokumentation der Erfahrungen und Perspektiven für die Berufsbildung von Menschen mit schweren Behinderungen geführt haben.

Im Rahmen des Modellprojektes »Feinwerk – Berufsbildung für Menschen mit schweren Behinderungen« hat Leben mit Behinderung Hamburg für diesen Personenkreis eine zweijährige qualifizierende Maßnahme entwickelt, welche individuell berufliche Qualifikationen verbessern und Grundlagen für die selbstbestimmte Wahl des Arbeitsplatzes ermöglichen soll. Die verschiedenen Bildungsangebote wurden auf die betroffenen Menschen abgestimmt und dabei ein besonderer Schwerpunkt auf die Qualifikation der pädagogischen Mitarbeiter in den Tagesstätten gelegt, weil dies als ein Schlüssel für die Verbesserung der Qualität dieser pädagogischen Arbeit gesehen wird. Durch die Zusammenarbeit mit der Hochschule Heidelberg konnten Materialien und Lehrpläne in der Praxis entwickelt und getestet werden. Aufbauend auf dem Eindruck unzureichender Berufsbildungsangebote für Menschen mit schwerer Behinderung wurde das Forschungsprojektes SITAS parallel von der Hochschule Heidelberg durchgeführt.

Damit wurde ein wichtiger Schritt für Menschen mit Behinderungen für die Zeit nach der Schule im Berufsbildungsbereich getan, der sie an Arbeit heranführt und verschiedene Arbeitsprozesse oder Materialien erlebbar macht. Wir hoffen sehr, dass mit den Ergebnissen des Projektes Feinwerk erreicht werden kann, dass Menschen mit schweren Behinderungen nach ihrer Schulzeit eine individuelle Heranführung an Arbeit und an Bildungsinhalte erfahren können. Arbeit ist schließlich nicht nur Beschäftigung, damit keine Langeweile aufkommt, sondern sie ist sinnstiftend, weil der Arbeitende durch seinen Beitrag für die Welt seinen eigenen Wert erfährt. Er lernt sich durch die Auseinandersetzung mit dem Material und den Abläufen in einer Tagesstätte selbst kennen und ist eingebettet in einen sozialen Zusammenhang. Gerade die soziale Gemeinschaft in der Zusammenarbeit mit anderen, wird als wesentlicher Bestandteil der Lebensqualität erlebt. Bei Menschen mit schweren Behinderungen hat dieser Aspekt eine besondere Dimension.

Dem nun vorliegenden Fachbuch wünschen wir eine gute Aufnahme in der breiten Fachöffentlichkeit und eine sich anschließende Umsetzung der hierin aufgezeigten Perspektiven.

Für die Software AG-Stiftung
Konrad Lampart, Projektleiter

Geleitwort der BAG:WfbM

Die derzeitig geführte politische Diskussion um die Zukunft der Teilhabe behinderter Menschen am Arbeitsleben ist sehr stark auf den Übergang auf den sogenannten allgemeinen Arbeitsmarkt fokussiert. Der Teilhabeanspruch von Menschen mit schweren und mehrfachen Behinderungen taucht in diesen Debatten nicht auf.

Seit ihrer Gründung lässt sich die Bundesarbeitsgemeinschaft der Werkstätten für behinderte Menschen (BAG:WfbM) von den zwei Grundsätzen leiten, dass alle Menschen ebenbürtig sind und deshalb Anspruch darauf haben, gesellschaftlich akzeptiert zu sein. Gesellschaftliche Akzeptanz wird in unserer heutigen Industriegesellschaft wesentlich durch Arbeit bestimmt. Die Teilhabe am Arbeitsleben ist somit eine Art »Eintrittskarte«.

Seit den 1970er Jahren gelten auch Menschen mit schweren und schwersten Behinderungen als schulfähig und damit bildungsfähig. Die Bildungsfähigkeit schließt auch die berufliche Bildung mit ein. Ein solcher Bildungsanspruch bedingt, dass die Fachkräfte in den Einrichtungen, die diesen Anspruch umsetzen sollen, die Vorstellungskraft und das Knowhow besitzen und über die notwendigen Methoden verfügen. Die ersten wichtigen Schritte sind daher, die möglichen Barrieren in den Köpfen der »Aktiven abzubauen und Anregungen oder Hilfestellungen bei der konkreten Umsetzung zu geben.

Wir wissen von unseren Mitgliedseinrichtungen um die breite Palette der Konzepte, den hohen Stellenwert und die Professionalität, mit der der Rechtsanspruch von Menschen mit Behinderungen auf berufliche Bildung, unabhängig von Art und Schwere der Behinderung, in den Werkstätten umgesetzt wird.

Die bedeutendsten Entwicklungen im Themenfeld der beruflichen Bildung prämiert die BAG:WfbM jährlich im Rahmen der Werkstätten:Messe in Nürnberg mit dem Preis exzellent:bildung. Im Jahr 2010 wurde das Bildungskonzept Feinwerk – Berufliche Bildung und Orientierung für Menschen mit schwerer und mehrfacher Behinderung – ausgezeichnet. Die Jury bringt in ihrer Begründung zum Ausdruck, dass die differenzierte Methodik des Konzeptes berufliche Bildungsinhalte so vermittelt, dass gerade auch der Personenkreis der Menschen mit schweren und mehrfachen Behinderungen an sinnvolle Arbeitsangebote herangeführt werden kann. Das Konzept »Feinwerk« ist damit ein eindruckvolles Beispiel dafür, dass Berufliche Bildung grundsätzlich möglich und durch die Vorstellungskraft und engagierte Tatkraft der Fachkräfte umsetzbar ist. Durch den systematischen, logischen Aufbau sowie die professionelle Darstellung des Konzeptes und der Materialien – in diesem Buch – bleibt zu wünschen, dass sich viele Einrichtungen von der Idee und den Herangehensweisen der Fachkräfte und Verantwortlichen von Leben mit Behinderung Hamburg ermutigen lassen und einen vergleichbaren Weg in der konzeptionellen Entwicklung ihrer Einrichtungen einschlagen.

Ich wünsche daher dieser Veröffentlichung mit der zentralen Darstellung des Konzeptes von Feinwerk, ergänzt um Beiträge aus der Wissenschaft und Praxis der beruflichen Bildung, dass sie Einfluss auf die politische Diskussion nimmt. Ich verbinde damit die Hoffnung, dass in der Umsetzung der Forderungen der UN-Behindertenrechtskonvention und dem Gedanken der Inklusion gerade nicht die Menschen mit schweren und mehrfachen Behinderungen Verlierer dieses Prozesses sind.

Für die BAG:WfbM
Andreas Laumann-Rojer
Leiter Bereich Arbeit und Bildung

Jeder Mensch will notwendig sein!
Zur Einführung

Mathias Westecker

Einmal im Jahr wird bei Leben mit Behinderung Hamburg zum »Ideenklau« aufgerufen. Dann treffen sich alle Hamburger Tagesstätten und Tagesförderstätten verschiedenster Träger und versuchen, die besten Produktideen anderer Tagesstätten mitzunehmen und in ihren Arbeitsprozess einzubeziehen. Und ... wir fördern diesen Ideenklau auch noch.

Genauso halten wir es mit anderen guten Ideen, wie der von Professor Klaus Dörner, der im Rahmen einer Veranstaltungsreihe über seine Erfahrungen in Gütersloh berichtete. Eine seiner zentralen Thesen haben wir daraufhin »geklaut«, weil wir sie umwerfend überzeugend fanden. »Jeder Mensch will notwendig sein!« steht einleitend in unserem Tagesstätten-Konzept. Dieser Satz von Klaus Dörner fasst das zusammen, was Leben mit Behinderung Hamburg seit mehr als zehn Jahren umtreibt und was wir im Alltag immer wieder mit Leben füllen.

Leben mit Behinderung Hamburg hat seit mehr als dreißig Jahren Beschäftigungs- und Förderangebote für Menschen mit hohem Unterstützungsbedarf entwickelt, die keine Chance auf Aufnahme in eine Werkstatt für behinderte Menschen haben. Durch relativ kleine und dezentrale Tagesstätten konnten, ebenso wie bei anderen Trägern, wohnortnahe und individuell zugeschnittene Angebote vorgehalten werden. Eine Ausgrenzung fand und findet nicht statt, es gibt keine Mindestkriterien für die Aufnahme. Vor gut zehn Jahren haben wir aufgrund eigener Erfahrungen, durch Besuche bei der Berliner Spastikerhilfe und die Konzeptentwicklung des Bundesverbandes für Körper- und Mehrfachbehinderte e. V. erkannt, dass sinnvoll und zielgerichtetes »Tätig sein« für jeden Menschen einen sehr hohen Stellenwert hat. Wir haben schrittweise umgesetzt, dass jede und jeder unserer über 200 Beschäftigten einen Arbeitsplatz erhält. Wir haben uns von dem Gedanken verabschiedet, die Beschäftigten in den

Tagesstätten ein Leben lang zu fördern. Kein Mensch muss sich mit 50 Jahren noch täglich mit Steckspielen beschäftigen oder seine Feinmotorik über das Einfädeln von Perlen beweisen, die hinterher wieder zusammengeschüttet werden. Die Arbeitsangebote sind ausgerichtet auf regelhafte und sinnvoll erlebte Tätigkeiten und Produkte sowie auf die Teilhabe am Leben in der Gemeinschaft.

In Deutschland gibt es ca. drei Millionen Arbeitslose und eine mitunter hitzige Diskussion über diejenigen, die angeblich nicht arbeiten wollen, obwohl sie könnten. Es gab viele Anreize, Menschen in den Vorruhestand zu entlassen mit der Aufforderung, noch aktiv den eigenen dritten oder vierten Lebensabschnitt zu gestalten. Diejenigen, die im Berufsleben stehen, träumen von mehr Freizeit und dem Abschied vom beruflichen Stress. Aber diejenigen, die keiner Arbeit (mehr) nachgehen, erzählen etwas anderes. Wer keine Anspannung durch Arbeit hat, hat auch keine Entspannung. Wer keine Anforderungen kennt, freut sich auf keinen Feierabend oder Urlaub. Wer keine Tätigkeiten ausübt, die von seiner Umwelt gebraucht oder gelobt werden, fühlt sich unnütz und demotiviert. Soziale Teilhabe vermittelt sich ganz wesentlich über die Teilnahme am Arbeitsleben.

Genau dies haben wir auch bei Menschen mit hohem Unterstützungsbedarf festgestellt. Wir mussten erst eine feste Arbeitsstruktur einführen und damit Erfahrungen sammeln, um den Unterschied zu früher festzustellen. Wir mussten erst die Widerstände bei Angehörigen und Mitarbeitern überwinden und viele Diskussionen führen, um die jeweils besten Arbeitsbereiche oder Tätigkeiten zu entwickeln und unsere Strukturen zu optimieren. Wir mussten viel Fachberatung von außen holen, Angehörige mit ihrem Wissen einbinden und intensive Fallbesprechungen durchführen, um keinen Beschäftigten außer vor zu lassen. Wenn die Schaffung von Arbeitsplätzen auch bei den für uns schwierigsten Menschen funktioniert, dann klappt es für die vielen anderen Menschen mit schwerer Behinderung umso leichter.

Zur Einführung

Wir haben vieles vernachlässigt, seit wir die Arbeit in den Mittelpunkt stellen. Wir spielen weniger, wir haben weniger Pausen, wir sitzen weniger auf dem Sofa, gestalten weniger Feiern und Ausflüge. Dafür haben die Pausen und Entspannungssituationen eine andere Qualität. Jetzt ist es eine echte Pause, wenn vorher konzentriert gearbeitet wurde. Jetzt folgt die Entspannung nach der Anspannung im Arbeitsprozess. Jetzt kommt die Bevölkerung zum Basar statt zum Tag der offenen Tür. Es wird über die Produkte gefachsimpelt und verhandelt, nicht der Therapieraum bewundert. Der Stolz, an einem Produkt oder einer Dienstleistung beteiligt zu sein, ist bei der Mehrzahl der Beschäftigten deutlich erlebbar.

Nicht die Behinderung steht im Vordergrund, sondern das Produkt, die Arbeit, die Fähigkeiten des Einzelnen, das gemeinsame Tun. Die Assistenz durch Mitarbeiter erfolgt in einem sachbezogenen, vom Arbeitsprozess geprägten Zusammenhang. Und im Ergebnis steht vor dem Kunden ein Produkt, in einer gewissen Perfektion, mit einem hohen Gebrauchswert – und in jedem Produkt steckt die Arbeit unserer Beschäftigten. Durch Kooperation mit Werkstätten erreichen wir eine breitere Palette von Arbeitsangeboten und eine gegenseitige Befruchtung der Arbeit. Wir können den Satz »Jeder Mensch will notwendig sein!« gemeinsam täglich neu erleben.

Schulische Bildung ist für Schülerinnen und Schüler mit hohem Unterstützungsbedarf inzwischen selbstverständlich, Arbeitsangebote für erwachsene Menschen mit hohem Unterstützungsbedarf sind immer häufiger praxiserprobt. Die Lücke der beruflichen Bildung für Schulabgänger mit hohem Unterstützungsbedarf ist jedoch bisher noch häufig Realität. Die Liste der Ursachen reicht von der mangelnden Vorbereitung in Sonderschulen über gesetzliche Lücken bis hin zu konzeptionellen Mängeln in Tagesförderstätten oder Werkstätten. Es ist höchste Zeit, einheitliche Standards und verbindliche Grundlagen für eine qualitativ hochwertige und individuell passende berufliche Bildung für Menschen mit hohem Unterstützungsbedarf zu entwickeln.

Die Beiträge in diesem Band setzen sich engagiert für dieses Anliegen ein.

Wolfgang Lamers berichtet von den Ergebnissen einer wissenschaftlichen Studie und stellt erste Konsequenzen zur Diskussion. Es gibt in Deutschland keine qualitativen Standards der Tagesförderung, einheitliche Ziele sind nicht definiert. Gleichzeitig hebt Professor Lamers die hohe Bedeutung der beruflichen Bildung und Orientierung von Menschen mit schwerer Behinderung hervor und unterstreicht die Bedeutung von fundierter Qualifizierung von Fachkräften, die mit diesem Personenkreis arbeiten.

Theo Klauß stellt die Bedeutung von Bildungsangeboten im Bereich Arbeit und Beschäftigung in den Mittelpunkt. Er diskutiert inhaltliche Zielsetzungen von Tagesförderung und beschreibt den Übergang von der Schule in die Tagesförderung. Professor Klauß erläutert, warum der angesprochene Personenkreis bildungsfähig ist, und stellt die notwendigen Berufsbilder in Einrichtungen der Tagesförderung vor.

Sebastian Tenbergen beschreibt die sinnstiftende Funktion von Arbeit auch vor dem Hintergrund von Erfahrungen mit Arbeitslosigkeit. Unter Berücksichtigung der rechtlichen Grundlagen von Werkstätten für behinderte Menschen als auch von Tagesförderung entwickelt er die Vor- und Nachteile für Menschen mit hohem Unterstützungsbedarf.

Torsten Lengsfeld formuliert Träume der gleichberechtigten Teilhabe für alle Menschen. Er benennt die sozialen Errungenschaften der Werkstatt-Beschäftigten, die auch Menschen in der Tagesförderung zugute kommen sollten.

Stefan Doose zeigt vielfältige Wege auf, wie Menschen mit und ohne Behinderung ihre eigene Zukunft durch ein aktives Einbeziehen ihrer Umwelt in die eigene Hand nehmen können. Durch offene und kreative Methoden der Persönlichen Zukunftsplanung wird Menschen mit hohem

Unterstützungsbedarf Mut gemacht, institutionelle Schranken zu überwinden und eigene Ziele zu verwirklichen.

Nachschulische Bildung auch für Menschen mit schweren und mehrfachen Behinderungen sollte selbstverständlich sein! Leben mit Behinderung Hamburg hat im Rahmen des Modellprojektes Feinwerk mit Unterstützung von *Aktion Mensch* ein Verfahren entwickelt, Menschen mit hohem Unterstützungsbedarf im Rahmen ihrer Tätigkeit in Tagesstätten eine zweijährige qualifizierende Maßnahme zu ermöglichen. Menschen, denen in der Regel eine Teilhabe im Berufsbildungsbereich einer Werkstatt verwehrt ist, können verschiedene Arbeitsbereiche ausprobieren, in Lernprozessen die eigene Qualifikation verbessern und Grundlagen für eine selbstbestimmte Wahl ihres Arbeitsplatzes legen.

Nadine Voß stellt das Modell vor und erläutert methodischen Grundlagen. Es wurden praxisnahe Materialien sowie standardisierte Arbeitsabläufe und ein Lehrfilm entwickelt. Durch die Zusammenarbeit mit der Pädagogischen Hochschule Heidelberg konnten die fertigen Materialien und Lehrpläne optimiert werden.

Die Software AG-Stiftung begrüßt die Initiativen zur Entwicklung von beruflicher Bildung für Menschen mit hohem Unterstützungsbedarf ausdrücklich und hat die Finanzierung dieses Buches mit ermöglicht.

Die BAG:WfbM hat durch die Preisverleihung von excellent:bildung im Jahr 2010 an Feinwerk die Bedeutung von beruflicher Bildung für Menschen mit hohem Unterstützungsbedarf und der Entwicklung von innovativen Ideen hervorgehoben.

Die Sprachregelung in diesem Band ist nicht einheitlich. Die Begriffe »Tagesstätten«, »Tagesförderstätten« oder »Förder- und Betreuungsbereiche« werden in verschiedenen Texten unterschiedlich verwendet, sind im sozialrechtlichen Kontext jedoch einheitliche Maßnahmen und beschreiben gleiche Institutionen. Der Personenkreis in Tagesstätten wird ebenso unterschiedlich benannt und beschrieben. Wir haben darauf verzichtet, die Begrifflichkeiten der Autoren anzugleichen.

Detaillierte Hinweise auf die UN-Behindertenrechtskonvention finden sich vor allem im Beitrag von Professor Lamers. Die weiteren Beiträge nehmen darauf Bezug.

»Ich kann mehr!« Dieser Satz spiegelt wider, was Menschen mit hohem Unterstützungsbedarf in Tagesstätten täglich erleben. Stolz über das Gelernte, über neue Wege, sich einzubringen und beizutragen, und gute Arbeitsergebnisse ist in den Gesichtern erkennbar. »Ich kann mehr!« wird nicht nur in der Phase der beruflichen Bildung immer wieder formuliert, sondern ist Ansporn für die tägliche Arbeit.

Berufliche Bildung und Orientierung von Menschen mit schwerer und mehrfacher Behinderung

Wolfgang Lamers

Am 1. Januar 2009 ist die Konvention der Vereinten Nationen über die Rechte von Menschen mit Behinderungen (Behindertenrechtskonvention) in Deutschland als geltendes Recht in Kraft getreten.

Das Übereinkommen verbietet die Diskriminierung von Menschen mit Behinderungen in allen Lebensbereichen und garantiert ihnen die bürgerlichen, politischen, wirtschaftlichen, sozialen und kulturellen Menschenrechte (vgl. BMAS 2009).

Diskriminierung aufgrund von Behinderung im Sinne dieses Übereinkommens bedeutet

> jede Unterscheidung, Ausschließung oder Beschränkung aufgrund von Behinderung, die zum Ziel oder zur Folge hat, dass das auf die Gleichberechtigung mit anderen gegründete Anerkennen, Genießen oder Ausüben aller Menschenrechte und Grundfreiheiten im politischen, wirtschaftlichen, sozialen, kulturellen, bürgerlichen oder jedem anderen Bereich beeinträchtigt oder vereitelt wird. Sie umfasst alle Formen der Diskriminierung, einschließlich der Versagung angemessener Vorkehrungen. (UN-Konvention, Artikel 2)

Dieses Diskriminierungsverbot bezieht sich ausdrücklich auch auf Menschen mit schwerer und mehrfacher Behinderung, denn in der Präambel heißt es,

> ... dass die Vertragsstaaten dieses Übereinkommens die Notwendigkeit anerkennen, »die Menschenrechte aller Menschen mit Behinderungen, einschließlich derjenigen, die intensivere Unterstützung benötigen, zu fördern und zu schützen. (UN-Konvention, Präambel) (BMAS 2009)

Mit der Anerkennung und der Umsetzung der UN-Konvention in geltendes Recht geht die Bundesrepublik weitreichende Verpflichtungen ein.

So verpflichtet sie sich in Artikel 24, ein integratives Bildungssystem auf allen Ebenen zu verwirklichen. Dies beinhaltet ausdrücklich auch, dass Menschen mit Behinderung ohne Diskriminierung und gleichberechtigt mit anderen Zugang zu Berufsausbildung, Erwachsenenbildung und zu lebenslangem Lernen erhalten.

Wie die Umsetzung der UN-Konvention auf nationaler Ebene aussehen wird, wird die Zukunft zeigen, auch wenn zu befürchten ist, dass auf verschiedenen Ebenen ein Interesse besteht, die Reichweite der UN-Konvention zu begrenzen. So bietet beispielsweise das im Juni 2010 von der Bundesagentur für Arbeit veröffentlichte Fachkonzept für das Eingangsverfahren und den Berufsbildungsbereich in Werkstätten für behinderte Menschen (HEGA) (Bundesagentur für Arbeit 2010) kaum Anlass für übertriebenen Optimismus hinsichtlich einer grundlegenden Veränderung und Verbesserung der Inklusion von Menschen mit schwerer und mehrfacher Behinderung (s. u.). Dennoch erscheint es sinnvoll, vor dem Hintergrund der möglichen Perspektiven, die die UN-Konvention auch Menschen mit schwerer und mehrfacher Behinderung zukünftig eröffnen könnte, eine Bestandsaufnahme zu ihrer beruflichen Bildung zu versuchen.

Bestandsaufnahme

Die Vorstellung, Menschen mit schwerer und mehrfacher Behinderung – den Vorgaben der UN-Konvention folgend – zukünftig in integrativen Kontexten beruflich zu bilden, wirkt zunächst befremdend und verunsichernd. Vermutlich nicht, weil eine gesellschaftliche Integration von Menschen mit schwerer und mehrfacher Behinderung abgelehnt wird, sondern eher, weil sich die Frage stellt, wie für alle Menschen, unabhängig vom Grad der Behinderung, Angebote einer beruflichen Bildung realisiert werden könnten.

Die nachfolgenden Ausführungen werden diese Frage weder umfassend noch zufriedenstellend beantworten. Sie sollen jedoch einige grundsätzliche Denkanstöße geben, um deutlich zu machen, dass fehlende

Angebote im Bereich der beruflichen Bildung, unabhängig davon, ob sie in speziellen Einrichtungen oder zukünftig vielleicht auch in integrativen Kontexten stattfinden, nur sehr begrenzt etwas mit der Schwere der Behinderung zu tun haben, also nicht in der Person des Menschen mit schwerer und mehrfacher Behinderung begründet sind.

Jenseits der Zukunftsperspektive der UN-Konvention lässt sich die berufliche Bildung als Teil eines lebenslangen Lernprozesses beschreiben, der sich für Menschen mit geistiger Behinderung grob in vier Phasen gliedern lässt:

Arbeitspädagogische Lehrziele	Unter-, Mittel- Oberstufe der Schule für Geistigbehinderte (SfG) oder Integrationsklasse
Berufsorientierung/ Berufliche Grundausbildung	Werk- oder Abschlussstufe der SfG oder integrative Berufsvorbereitungsklassen
Berufsausbildung	Berufsbildungsbereich der WfbM oder ambulantes Arbeitstraining; in Einzelfällen duale Ausbildung im Berufsbildungswerk oder in Betrieben des allgemeinen Arbeitsmarktes
Berufliche Weiterbildung	Arbeitsbereich der WfbM oder in Betrieben des allgemeinen Arbeitsmarktes

Die hier skizzierten Umsetzungsformen sind exemplarisch zu verstehen, da sie sich in den einzelnen Bundesländern teilweise unterscheiden. Die weiteren Ausführungen nehmen die Phase der »Berufsorientierung / beruflichen Grundbildung« in der Schule und die Phase der »Berufsausbildung« in der Werkstatt in den Blick.

Phase der »Berufsorientierung / beruflichen Grundbildung« in der Werkstufe

Die Werkstufe bzw. Abschlussstufe der Schule für Geistigbehinderte hat die zentrale Aufgabe, geistig behinderte Schülerinnen und Schüler beim Übergang vom Jugend- zum Erwachsenenalter zu begleiten und sie umfassend auf das Erwachsenenleben vorzubereiten. Von zentraler Bedeutung ist dabei die Vorbereitung auf das Arbeitsleben in Form einer beruflichen Grundbildung und Berufsvorbereitung. Diese wird meist im Kontext der Arbeitslehre durch Angebote zum technischen Werken, zur Textilarbeit und zum hauswirtschaftlichen Unterricht realisiert (vgl. Bürkle 2001, S. 8). Schülerinnen und Schüler mit einer geistigen Behinderung erfüllen in den meisten Bundesländern durch die Teilnahme am Unterricht in der Werkstufe ihre Berufsschulpflicht.

Fachkompetenzen	Methodenkompetenz	Sozialkompetenz	Individualkompetenz
• Materialgrundkenntnisse • Arbeitstechnische Grundfertigkeiten • Gefahrenwahrnehmung • Fertigungsverfahren kennen • selbstgesteuerte Weiterbildung • Rechte/Pflichten kennen • Qualitätskriterien kennen	• Material-/Werkzeugbeschaffung • Informationsbeschaffung • Transferfähigkeit • selbstständiges Lernen • Infortmationsbeschaffung/ verarbeitung • begründetes Entscheiden • Qualität erkennen	• Kooperationsfähigkeit • Konfliktlösung • angemessene Kommunikation • Rollenbewusstsein • Beteiligung/Mitgestaltung • Arbeit in unterschiedlichen Sozialformen	• Arbeitshaltung entwickeln • zeitliche Bindung • Planmässigkeit • Arbeit reflektieren • Fremdbeurteilung zulassen und akzeptieren • Verhalten verändern • Übernahme von Aufgaben • Pflichten erfüllen • Rechte einfordern

Bürkle 2001, S. 8, nach Grampp & Theen-Rathjen 1999

Neben fachlich orientierten Schwerpunkten werden auch übergreifende Kompetenzen vermittelt, die einerseits im Arbeitslehreunterricht immanent enthalten sind, andererseits aber auch im sonstigen Unterricht eine Rolle spielen (vgl. ebd.).

Wenn man die Praxis der beruflichen Bildung der letzten Jahre in den Werkstufen der Schulen für Geistigbehinderte analysiert, kann man feststellen, dass

Berufliche Bildung und Orientierung

1. viele Schulen die berufliche Bildung als eine zentrale Aufgabe erkannt und entsprechend in ihren Schulkonzepten verankert haben und
2. eine Vielzahl von innovativen und kreativen Projekten entwickelt wurde, die weit über den klassischen Arbeitslehreunterricht der Vergangenheit hinausgehen. Schülercafés, Fahrradwerkstätten oder Cateringfirmen sind nur einige Beispiele, in denen das schulische Lernen mit dem Lernen an außerschulischen Lernorten verknüpft wird.

Wenn man nun allerdings untersucht, ob diese Weiterentwicklungen auch die berufliche Bildung von Schülerinnen und Schülern mit schwerer und mehrfacher Behinderung betreffen und wie diese ggf. umgesetzt werden, fällt der Erkenntnisgewinn eher spärlich aus. Man findet zwar vereinzelt Hinweise, dass auch diese Schülergruppe am Arbeitslehreunterricht teilnimmt und an möglichst vielen Inhalten beteiligt werden soll, doch wie dies konkret geschieht, bleibt unklar. Grundsätzlich finden sich nur sehr wenige Werkstufenkonzepte, in denen Schülerinnen und Schüler mit schwerer und mehrfacher Behinderung explizit Erwähnung finden. Dort wo man dann fündig wird, findet im Vergleich zu den nicht schwerbehinderten Schülerinnen und Schülern eine merkwürdige Verschiebung der Inhalte und der Ziele statt. Zwei Beispiele:

In einem exemplarisch ausgewählten Werkstufenkonzept für die nicht schwerbehinderten Schüler findet sich eine Vielzahl an Schwerpunkten und Zielen wie zum Beispiel:

Schwerpunktbildung im Bereich der Arbeitslehre mit den Bereichen Werken, Technik, Hauswirtschaft und Wirtschaft auf der Basis von Planen, Konkretisieren, Realisieren und Durchführung von Praktika gelten als Vorbereitung auf den Besuch der WfbM. Die Festigung eines Selbstkonzeptes auf der Grundlage von besonderen Vorlieben und Fertigkeiten ist hilfreich für die Schwerpunktbildung in der späteren Werkstatt oder an einem anderen Arbeitsplatz.

Zu Schülerinnen und Schülern mit schwerer und mehrfacher Behinderung findet sich in derselben Konzeption lediglich der folgende Schwerpunkt:

Die Förderung von schwerstbehinderten Schülern schafft Beteiligungen am gemeinsamen Unterricht, stellt die Aufgabenstellungen im Bereich der Selbstversorgung in den Vordergrund. Der nunmehr geltende Erwachsenenstatus schafft Voraussetzungen für andere Umgangsformen in den sozialen Beziehungen.

Abgesehen davon, dass es schwerfällt, den Sinn dieser Aussage zu verstehen, springt doch besonders ins Auge, dass für schwerbehinderte Schülerinnen und Schüler berufsbezogene Bildungsinhalte, die für die anderen Schülerinnen und Schüler als relevant erachtet werden, offensichtlich keine Rolle spielen. Zweifelsohne ist die Selbstversorgung ein wichtiger Aspekt, aber darin kann sich die schulische Bildung nach zwölf und mehr Schuljahren nicht erschöpfen und ist zudem ein Lernbereich, der sich über die gesamte Schulzeit erstreckt.

Ein weiteres Beispiel aus einer Werkstufenkonzeption, in der ebenfalls für die nicht schwerbehinderten Jugendlichen berufsvorbereitende und -orientierende Inhalte und Ziele benannt werden, während sich für Schülerinnen und Schüler mit schwerer und mehrfacher Behinderung die folgenden Auflistung findet:

- *Teilnahme an Gemeinschaftsaktivitäten*
- *Dabeisein, Nähe und Geräuschkulisse der anderen ertragen*
- *Pflege*
- *Hilfe annehmen können*
- *Essen*
- *Förderung des Verhaltens*
- *Konsequente, kontinuierliche und zielgerichtete Anleitung*
- *Individuelle Fördermaßnahmen*
- *Einzel-, Kleingruppenförderung im Snoezelenraum.*

Auch hier finden sich Inhalte und Ziele, wenn sie denn sinnvoll sein sollten, die durchgängig während der gesamten Schulzeit eine Rolle spielen und nicht für die Werkstufe spezifisch sein können. Berufsbildende oder -vorbereitende Inhalte und Ziele scheinen hier ebenfalls keine Rolle zu spielen.

An beiden hier dargestellten Beispielen zu konzeptionellen Aussagen zur schulischen Bildung von Schülerinnen und Schülern mit schwerer und mehrfacher Behinderung in der Werkstufe lässt sich ein grundlegendes Problem ihrer schulischen Bildung verdeutlichen, was an anderer Stelle schon ausführlich dargestellt wurde und hier nur zusammengefasst werden kann. (vgl. Lamers 2009)

Nachdem Menschen mit schwerer und mehrfacher Behinderung über viele Jahrhunderte als bildungsunfähig galten, wurde ihnen in der BRD vor ca. 30 Jahren erstmals ein Recht auf schulische Bildung eingeräumt. Dies kann durchaus als ein Meilenstein in der Geschichte der Behindertenpädagogik gesehen werden. Viele engagierte Kolleginnen und Kollegen haben in den Anfängen Konzepte erarbeitet, mit deren Hilfe eine Förderung dieser Kinder und Jugendlichen in der Schule möglich wurde. Gleichzeitig hat man es jedoch bis heute weitgehend versäumt, die Frage zu klären, was Schülerinnen und Schüler mit schwerer und mehrfacher Behinderung denn in der Schule überhaupt lernen, mit welchen Bildungsinhalten sie sich in der Schule auseinandersetzen sollen. Sollen es die gleichen Bildungsinhalte sein, mit denen sich nicht behinderte Kinder oder auch die nicht schwerbehinderten Schülerinnen und Schüler in ihrem Alter auseinandersetzen? Wenn man sich unterschiedliche Konzeptionen der Werkstufe ansieht, kann man nur zu dem Schluss kommen, dass sie nicht das Gleiche lernen sollen. Berufliche Bildung, Vorbereitung auf das Erwachsenen- und Arbeitsleben scheinen kaum eine Rolle zu spielen. Bildung in diesem Bereich, so zeigen auch Rückmeldungen aus der Schulpraxis, wird als nicht notwendig, als nicht sinnvoll, als Überforderung betrachtet.

Faktisch bedeutet es allerdings, dass Schülerinnen und Schülern mit schwerer und mehrfacher Behinderung (nicht nur in der Werkstufe) zumindest Teile von Bildung, hier konkret »berufliche Bildungsinhalte« vorenthalten werden. Ein Blick in die Schulakten von Menschen mit schwerer und mehrfacher Behinderung würde diese Aussage vermutlich sehr eindrücklich bestätigen, da sich dort nur selten etwas darüber erfahren lässt, wie diese Menschen auf ihr Erwachsenenleben vorbereit oder welche spezifische berufliche Grundbildung sie erfahren haben. Pointiert könnte man konstatieren, Schülerinnen und Schüler mit schwerer und mehrfacher Behinderung werden solche Angebote weitgehend vorenthalten, weil man sie, direkt oder indirekt, als berufsbildungsunfähig betrachtet. Allerdings liegt hier ein Trugschluss vor. Fähigkeiten bzw. Unfähigkeiten einer Person, hier Berufsbildungsfähigkeit bzw. Berufsbildungsunfähigkeit, hängen in einem hohen Maße davon ob, welche Angebote und Möglichkeiten ein Mensch erfährt, um seine Fähigkeit, konkret seine beruflichen Fähigkeiten, auszubilden.

Die Berufsbildungsunfähigkeit liegt somit nicht in der Person des Menschen mit schwerer und mehrfacher Behinderung begründet, sondern in der »Institution Schule«, die nicht in der Lage ist, berufliche Bildungsangebote für diese Menschen zu realisieren. Dass dies wiederum nicht allein den Lehrerinnen und Lehrern zugeschrieben werden kann, soll später noch begründet werden. Fassen wir dieses »Negativbild« zusammen, lässt sich konstatieren, dass Menschen mit schwerer und mehrfacher Behinderung die Schule »beruflich ungebildet« verlassen und dass dieses »Beruflichungebildet-Sein« ihren weiteren Lebensweg wesentlich mitbestimmen wird.

Berufliche Bildung in der WfbM

Am Ende der Schulzeit dieser beruflich ungebildeten Menschen mit schwerer und mehrfacher Behinderung steht die Frage im Raum, was nachfolgend mit ihnen »geschehen« soll. Die Entscheidung darüber fällen Gremien, auf der Grundlage der gesetzlichen Regelungen des SGB IX. Dort heißt es in § 136 Abs. 1, dass die Werkstatt für behinderte Menschen den gesetzlichen Auftrag hat,

> (...) denjenigen behinderten Menschen, die wegen Art oder Schwere der Behinderung nicht, noch nicht oder noch nicht wieder auf dem allgemeinen Arbeitsmarkt beschäftigt werden können,
> 1. eine angemessene berufliche Bildung und eine Beschäftigung zu einem ihrer Leistung angemessenen Arbeitsentgelt aus dem Arbeitsergebnis anzubieten und
> 2. zu ermöglichen, ihre Leistungs- oder Erwerbsfähigkeit zu erhalten, zu entwickeln, zu erhöhen oder wiederzugewinnen und dabei ihre Persönlichkeit weiterzuentwickeln.

Beide Aspekte beinhalten explizit Bildungsaufträge, einerseits *konkret* eine angemessene berufliche Bildung, und andererseits *allgemein* durch die Ausbildung von Kompetenzen, eine Persönlichkeitsbildung zu realisieren. Hiermit ist ein klarer Auftrag formuliert, und man sollte annehmen können, dass einer beruflichen Bildung von Menschen mit schwerer und mehrfacher Behinderung in der WfbM nichts mehr im Wege steht. Im nachfolgenden Absatz 2 regelt das Gesetz, welche Menschen genau gemeint sind, die wegen Art oder Schwere der Behinderung noch nicht oder noch nicht wieder auf dem allgemeinen Arbeitsmarkt beschäftigt werden können.

Es beginnt zunächst zuversichtlich stimmend, wenn es dort heißt, dass die Werkstatt allen behinderten Menschen im Sinne des Absatzes 1 unabhängig von Art und Schwere der Behinderung offen steht.

Auch die damit nachfolgend verknüpfte Bedingung ist noch akzeptabel:

> *sofern erwartet werden kann, dass sie spätestens nach Teilnahme an Maß-*

nahmen im Berufsbildungsbereich wenigstens ein Mindestmaß wirtschaftlich verwertbarer Arbeitsleistung erbringen werden. (SGB IX §136 Abs. 2)
In den bis hier zitierten Gesetzespassagen wird ein Rechtsanspruch auf berufliche Bildung formuliert, den jeder Mensch, unabhängig vom Grad seiner Behinderung hat.

Zudem wird ausdrücklich darauf hingewiesen, dass erst nach Abschluss, *nicht im Vorfeld,* einer qualifizierenden Maßnahme entschieden werden soll, ob das im Gesetz geforderte Mindestmaß an verwertbarer Arbeit erbracht werden kann, wenngleich völlig unklar bleibt – das haben unsere Untersuchungen im Rahmen von SITAS[1] gezeigt –, welches Maß für ein Mindestmaß an verwertbarer Arbeit zugrunde gelegt wird.

Der nun anschließende Absatz im Gesetzestext erweist sich allerdings als Fallstrick für die meisten Menschen mit schwerer und mehrfacher Behinderung, zumal er erhebliche Interpretationsspielräume lässt und zu einem Freibrief für die Exklusion aus beruflich bildenden Maßnahmen und in der Folge auch aus der Werkstatt werden kann:

Dies ist nicht der Fall, wenn »... trotz einer der Behinderung angemessenen Betreuung eine erhebliche Selbst- oder Fremdgefährdung zu erwarten ist oder das Ausmaß der erforderlichen Betreuung und Pflege die Teilnahme an Maßnahmen im Berufsbildungsbereich oder sonstige Umstände ein Mindestmaß wirtschaftlich verwertbarer Arbeitsleistung im Arbeitsbereich dauerhaft nicht zulassen« (vgl. ebd.). Für schwer behinderte Menschen,

---

[1] Im Rahmen des Forschungsprojekts SITAS (Sinnvolle produktive Tätigkeit für Menschen mit schwerer und mehrfacher Behinderung zur Partizipation am sozialen und kulturellen Leben) wurde in einer bundesweiten Erhebung im Zeitraum von 2007 – 2010 eine explorative Studie zur Bestandsaufnahme der Quantität und der Qualität von Angeboten für Menschen mit schwerer und mehrfacher Behinderung im nach-schulischen Arbeits- und Betreuungsbereich durchgeführt. Weitere Informationen unter http://www.ph-heidelberg.de/org/allgemein/1724.0.html

Berufliche Bildung und Orientierung

die die Voraussetzungen für eine Beschäftigung in einer Werkstatt nicht erfüllen, sieht das Gesetz vor, dass sie »... in Einrichtungen oder Gruppen betreut und gefördert werden (sollen), die der Werkstatt angegliedert sind« (SGB IX § 136 Abs. 3).

Dieser Abschnitt ist gespickt mit Unklarheiten und Ungereimtheiten, die mehr Fragen aufwerfen als sie beantworten:

- *Wann ist eine Betreuung der Behinderung angemessen?*
- *Wann eine Selbst- oder Fremdgefährdung erheblich?*
- *Was hat die Selbst- oder Fremdgefährdung, unabhängig davon, dass sie pädagogisch ein großes Problem darstellen kann, mit der Leistungsfähigkeit im Sinne des zu erbringenden Mindestmaßes an Arbeit zu tun?*
- *Wann ist das Ausmaß der erforderlichen Betreuung und Pflege überschritten?*
- *Was ist unter »sonstige Umstände« zu verstehen?*

Das Gesetz gibt zu diesen Fragen keine Auskunft. Es obliegt also den jeweiligen Einrichtungen bzw. den jeweiligen Gremien, die über eine Aufnahme entscheiden, festzulegen, welche Kriterien sie zugrunde legen. Bemerkenswert ist dabei, dass sie ihre Entscheidungen prospektiv treffen, denn mehrfach wird im Gesetzestext formuliert, »wenn zu erwarten ist«. Das heißt z.B. konkret, bei einem schwerbehinderter Schüler, der in der Werkstufe keine Gelegenheit hatte, sich beruflich zu bilden, wird, nach welchen Kriterien auch immer, *im Vorfeld* diagnostiziert, dass für die Teilnahme an berufsbildenden Maßnahmen innerhalb der Werkstatt der zu erwartende Betreuungsaufwand zu hoch ist. Damit ist wiederum der weitere Lebensweg festgelegt, denn wenn jemand nicht an den qualifizierenden Maßnahmen der beruflichen Bildung teilnehmen kann, wird er nur schwer unter Beweis stellen können, dass er in der Lage ist, ein Mindestmaß an verwertbarer Arbeit zu erbringen. Die Folge ist Exklusion aus der Werkstatt und Aufnahme in einen Förder- und Betreuungsbereich (FuB). An dieser Stelle lohnt es sich darüber nachzudenken, ob die Gremien, die in der Mehrzahl genau dies tun, nämlich Menschen mit schwerer Behinderung von der Schule auf direktem Weg, ohne dass sie berufliche

Bildungsangebote wahrnehmen können, in die FuB verweisen, häufiger anders entscheiden würden, wenn diese Menschen dokumentieren könnten, dass sie bereits in der Schule an beruflich bildenden Maßnahmen teilgenommen haben.

Die Daten der Befragung von Leitern der FuB im Rahmen des Forschungsprojekts SITAS belegen den Regelfall, dass Menschen mit schwerer Behinderung Angebote der beruflichen Bildung vorenthalten werden. Lediglich in 13,7% der teilnehmenden Einrichtungen durchlaufen alle Menschen, unabhängig vom Grad der Behinderung, den Berufsbildungsbereich. Rechnet man noch die 4,6% der Einrichtungen hinzu, die spezielle Gruppen im Berufsbildungsbereich haben, in denen für diesen Personenkreis entsprechende Angebote gemacht werden, so erhalten in 81,7% der Einrichtungen Menschen mit schwerer Behinderung *im Vorfeld keine* beruflich bildenden Angebote, in denen sie ihre Leistungsfähigkeit im Sinne des Gesetzes nachweisen können, bevor über ihren weiteren Lebensweg entschieden wird.

Dieses ernüchternde Ergebnis zeigt deutliche Parallelen zu den Befunden zur beruflichen Bildung innerhalb der Werkstufe. Auch bezogen auf die Werkstatt bzw. den FuB muss konstatiert werden, dass Menschen mit schwerer und mehrfacher Behinderung in der Mehrzahl der Fälle offensichtlich als berufsbildungsunfähig angesehen werden. Wenn man so will, findet in den der Schule nachfolgenden Einrichtungen eine Fortschreibung der Vorenthaltung beruflich qualifizierender Angebote und damit auch eine Festschreibung der Berufsbildungsunfähigkeit von Menschen mit schwerer und mehrfacher Behinderung statt.

Auch an dieser Stelle sei nochmals darauf hingewiesen, dass Fähigkeiten bzw. Unfähigkeiten in einem hohen Maße davon abhängen, ob und welche Angebote und Möglichkeiten ein Mensch erfährt, um seine Fähigkeit, konkret seine beruflichen Fähigkeiten, zu bilden. Somit lässt sich auch hier schließen, dass nicht die Menschen mit schwerer und mehrfacher Behinderung berufsbildungsunfähig sind, sondern die Mitarbeiterinnen und Mitarbeiter in den Institutionen, die mit diesen Menschen arbeiten.

Der Vorwurf der »Unfähigkeit«, ob nun bezogen auf die Schule oder auf die der Schule folgenden Institutionen, ist nicht unerheblich. Doch wenn man die Argumentation für die Aneignung von Fähigkeit bzw. für das Entstehen von Unfähigkeiten fortführt, dann gilt auch für Lehrerinnen und Lehrer wie auch Mitarbeiterinnen und Mitarbeiter der Werkstätten und FuB: Nur wenn entsprechende Angebote und Möglichkeiten existieren, sich Kompetenzen anzueignen, didaktisch und methodisch beruflich bildende Angebote bei Menschen mit schwerer und mehrfacher Behinderung zu gestalten, kann ich als Pädagoge beruflich bildend tätig werden. Aber gerade im Bereich der beruflichen Bildung von Menschen mit schwerer und mehrfacher Behinderung zeigen sich weitgehend auf allen Ebenen »weiße Flecken« auf der Bildungslandkarte:

- *Mitarbeiterinnen und Mitarbeiter in den WfbM bzw. FuB konnten sich in ihrer Ausbildung nur sehr selten mit Fragen der beruflichen Bildung von Menschen mit schwerer und mehrfacher Behinderung beschäftigen.*
- *Die Themen Arbeit, die Vorbereitung auf ein Arbeitsleben oder Werkstatt und insbesondere didaktische Fragen der beruflichen Bildung spielen in der Ausbildung von Lehrerinnen und Lehrern eine sehr untergeordnete Rolle.*
- *Weiterbildungsangebote in diesem Bereich existieren bundesweit kaum.*
- *Auch für die Forschung stellt die berufliche Bildung von Menschen mit schwerer und mehrfacher Behinderung bislang kein Arbeitsfeld dar. Die Konsequenz ist, dass auch nach fast 35 Jahren Schwerstbehindertenpädagogik keine fundierten Konzepte existieren, die die Pädagoginnen und Pädagogen befähigen könnten, für Menschen mit schwerer und mehrfacher*

Behinderung didaktisch und methodisch adäquate Angebote zur beruflichen Bildung in der Praxis zu realisieren.

Perspektivenwechsel

Wenn man die eingangs dargestellten neuen Forderungen und zukünftigen Bestrebungen nach einem integrativen Bildungssystem, in dem auch Menschen mit schwerer und mehrfacher Behinderung ohne Diskriminierung und gleichberechtigt mit anderen Zugang zur Berufsausbildung haben sollen, vor dem Hintergrund der bisherigen Befunde betrachtet, dann dürfte sich der Optimismus, bezogen auf eine Realisierbarkeit, durchaus in Grenzen halten, zumal wir in den derzeit existierenden separierenden Systemen der beruflichen Bildung, bezogen auf Menschen mit schwerer und mehrfacher Behinderung, nahezu völlig am Anfang stehen. Dennoch erscheint es zwingend notwendig, sich mit diesem Themenfeld zukünftig intensiv auseinanderzusetzen. Diese Notwendigkeit leitet sich allein schon aus dem rechtlich verbindlichen Diskriminierungsverbot der UN-Konvention ab. Denn wenn keine entsprechenden Angebote zur beruflichen Bildung für diesen Personenkreis gemacht werden, findet eine Diskriminierung in diesem Bereich sowohl durch Unterscheidung, Ausschließung und Beschränkung aufgrund der Schwere der Behinderung als auch durch ein Versagen angemessener Vorkehrungen (z.B. entsprechend qualifiziertes Personal oder notwendige Adaptionen von Unterrichtsmaterialien) statt. Beides ist nach dem Gesetz rechtswidrig. Man wird abwarten müssen, ob und wie der Gesetzgeber andere Gesetze, z.B. das SGB IX, anpassen wird und wie Klageverfahren entschieden werden, wenn es um das grundlegende Recht auf berufliche Bildung von Menschen mit schwerer und mehrfacher Behinderung geht.

Realisierungsmöglichkeiten von beruflicher Bildung

Die Frage nach den Möglichkeiten einer beruflichen Bildung von Menschen mit schwerer und mehrfacher Behinderung lässt sich aus unterschiedlichen Perspektiven beantworten:

Die ethische Perspektive

Zur Entwicklung von zukunftsfähigen beruflichen Bildungsangeboten bei diesem Personenkreis sind nach Lelgemann vor allem klare Konzepte, ausreichend engagiertes und qualifiziertes Personal, eine fundierte Diagnostik, professionelle Evaluation und ein regelmäßiger Austausch zwischen allen Beteiligten notwendig (vgl. Lelgemann 2009). Daneben führt er sieben weitere Bausteine an, von denen er den ersten mit »Ethische Grundhaltung der Einrichtung« der Institution beschreibt.

Die ethische Grundhaltung der Einrichtung und des Personals sollten gekennzeichnet sein von einer positiven Einstellung zu Maßnahmen der beruflichen Bildung für Menschen mit schwerer und mehrfacher Behinderung. Dies sollte zu einer selbstverständlichen Förderung und Entwicklung derselben führen, indem zum Beispiel Ressourcen bereitgestellt werden und für eine angemessene Schulung und Bezahlung des Personals gesorgt wird. Lelgemann formuliert einige Fragen, denen sich die Einrichtung stellen sollte:

- *Was sind unsere Aufgaben als Werkstatt für behinderte Menschen? FuB als Integrationsfachdienst?*
- *Wollen wir berufliche Bildung für und mit Menschen mit sehr schweren und mehrfachen Behinderungen verwirklichen?*
- *Wen stellen wir als Mitarbeiter ein?*
- *Welche Aufträge suchen wir?*
- *Wie sichern wir rehabilitative Aufgaben ab?*

Zu den grundlegenden Fragen in diesem Kontext gehört sicherlich auch die Frage, wie Menschen mit schwerer und mehrfacher Behinderung in der Einrichtung gesehen werden, welches Menschenbild die Arbeit mit diesem Personenkreis bestimmt oder bestimmen sollte. Die Erhebung im Rahmen des Forschungsprojekts SITAS kommt zu dieser Frage durchaus zu widersprüchlichen Ergebnissen. Einerseits wird in den Konzeptionen, die untersucht wurden, immer wieder hervorgehoben, dass eine an Defiziten orientierte Sichtweise von Menschen mit schwerer und mehrfacher Behinderung durch eine an den Stärken und Kompetenzen orientierte abgelöst wurde. Andererseits zeigt die konkrete Befragung sowohl der FuB-Leiter als auch der Teams, dass zumindest bezogen auf Menschen mit schwerer und mehrfacher Behinderung weiterhin eine stark an Defiziten orientierte Sichtweise dominiert.

Die rechtliche Perspektive

Auch wenn, wie bereits ausgeführt wurde, 82% der in das SITAS-Projekt einbezogenen Institutionen keine beruflichen Bildungsangebote als vorlaufende Qualifizierungsmaßnahme anbieten, geschieht dies aber immerhin in 18% der Einrichtungen. Diese Institutionen haben sich nicht nur mit Fragen, wie Lelgemann sie formuliert hat, auseinandergesetzt, sondern gleichzeitig auch gezeigt, dass die rechtlichen Vorgaben des SGB IX durchaus flexibel interpretiert werden können und sich durchaus auch rechtliche Spielräume für die Realisierung beruflicher Bildungsangebote bieten.

Die BAG:WfbM geht in einem Artikel vom 22. März 2008 mit der Überschrift »Bildungsfähig? Werkstattfähig!« noch einen Schritt weiter, wenn dort festgestellt wird, dass der gesetzliche Rahmen eindeutig sei und den erforderlichen Rahmen für die berufliche Bildung auch von Menschen mit schwerer und mehrfacher Behinderung biete.

Die Umsetzung erfordere neben der fachlichen Qualifizierung der Mitarbeiter vor allem ein klares Bekenntnis der Werkstätten und ihrer Verantwortlichen dazu, auch diesen Personenkreis im Blickfeld zu haben (BAG:WfbM 2008).Diese Forderung knüpft an die Frage von Lelgemann nach der Ethik der Einrichtung an und unterstreicht nochmals deren Bedeutung.

Die Praxisperspektive

Institutionen, die sich mit der Frage der beruflichen Bildung von Menschen mit schwerer und mehrfacher Behinderung auseinandersetzen oder exponierte Projekte wie Feinwerk in Hamburg, der FuB der Stiftung Haus Lindenhof in Schwäbisch Gmünd oder das Projekt »Aktion Bildung« haben

Berufliche Bildung und Orientierung

sich nicht nur dieser Verantwortung gestellt, sondern durch ihre Initiativen auch eine Vorreiterrolle übernommen. Die Arbeit in diesen Projekten hat Modellcharakter und lässt an die Anfänge der Schwerstbehindertenpädagogik erinnern. Auch damals kamen die ersten und wichtigsten Impulse aus der Praxis, z.b. durch Andreas Fröhlich oder Georg Feuser. Von daher kann man die derzeitigen Praxisversuche zur beruflichen Bildung von Menschen mit schwerer und mehrfacher Behinderung gar nicht hoch genug wertschätzen. Aber auch Aktivitäten des verbände- und bundesländerübergreifenden »Arbeitskreises berufliche Bildung für Menschen mit schweren und schwersten Behinderungen« (BAG:WfbM 2007), die an die Erfahrungen von »Aktion Bildung« anknüpfen und Standards formulieren, die schwerbehinderten Menschen die Teilnahme an Maßnahmen der beruflichen Bildung ermöglichen sollen, sind ein wichtiger Impuls aus der Praxis. Alle diese und andere Initiativen zeigen sehr deutlich auf, dass es mit angemessenen Methoden sehr wohl möglich ist, auch diesen Menschen berufliche Bildung zu ermöglichen.

Die wissenschaftliche Perspektive

Dennoch besteht bei all diesen wertvollen Praxisinitiativen auch die Gefahr, dass sich die Fehler der Praxisanfänge der Schwerstbehindertenpädagogik vor 35 Jahren wiederholen könnten. Wenn der »Arbeitskreis« z.B. als Ziel formuliert, auf der Praxisebene Inhalte und Methoden der beruflichen Bildung für diese Menschen mit hohem Unterstützungsbedarf zusammenzufassen und weiterzuentwickeln (vgl. ebd.), dann wird aus meiner Sicht zu wenig berücksichtigt, dass auch Praxis, wenn sie erfolgreich sein und nicht in Beliebigkeit und Aktionismus verfallen will, immer theoriegeleitet sein muss. Wenn man sich z.B. die Vielzahl der Praxisbeispiele zur beruflichen Bildung von Menschen mit schwerer und mehrfacher Behinderung auf den Seiten von »Aktion Bildung« genauer anschaut, dann ist zwar die methodische Kreativität, mit der eine Fülle sinnvoller Inhalte vermittelt werden soll, bemerkenswert. Gleichzeitig fällt allerdings auf, dass, so wie die Inhalte aufbereitet und die methodischen Zugänge gewählt werden, es in vielen Fällen wiederum eine Restgruppe von schwer behinderten Menschen geben wird, die nicht von diesen Angeboten profitieren können. Vergleichbares erlebt man auch bei Besuchen in Praxisprojekten. Man sieht einerseits eine Gruppe von schwerbehinderten Menschen, bei denen es recht gut gelingt, sinnvolle berufliche Bildungsangebote zu realisieren, aber man sieht gleichzeitig immer auch Menschen, die außen vor bleiben und nicht in die Bildungsangebote einbezogen werden. Einer theoriegeleiteten Praxis würde es viel besser gelingen, auch solche Menschen einzubeziehen. Dies setzt allerdings voraus, dass die Wissenschaft grundlegende Theorien und Konzepte zur beruflichen Bildung entwickelt, die allen Menschen, unabhängig vom Schweregrad ihrer Behinderung, Zugänge zur beruflichen Bildung eröffnet, was sie bislang aber kaum getan hat.

Das Forschungsprojekt SITAS, das über drei Jahre die Situation von Menschen mit schwerer und mehrfacher Behinderung untersucht hat, ist ein erster Schritt in diese Richtung, der allerdings bei weitem noch nicht ausreicht. Es wurde deshalb ein Nachfolgeprojekt mit dem Titel »Arbeitsweltbezogene Bildungsbegleitung für Menschen mit schwerer und mehrfacher Behinderung« beim Bundesministerium für Arbeit und Soziales beantragt, das bei einer entsprechenden Finanzierungszusage im Frühjahr 2011 starten soll. Im Rahmen dieses Forschungsprojektes sollen die derzeitig kaum vorhandenen Angebote zur arbeitsweltbezogenen Bildungsbegleitung für Menschen mit schwerer und mehrfacher Behinderung in schulischen und nachschulischen Einrichtungen untersucht und Empfehlungen für Leitlinien zur Qualitätssicherung entwickelt werden. Ziel des Forschungsprojektes ist es, für Menschen mit schwerer und mehrfacher Behinderung gegenwärtig vorhandene Konzepte zur lebenslangen Bildung im Bereich arbeitsweltbezogener Tätigkeiten zu erfassen, zu bündeln und systematisch weiterzuentwickeln. Im Mittelpunkt wird die Fragestellung stehen, welche institutionellen, inhaltlichen, didaktischen und methodischen Eckpfeiler für eine binnendifferenzierte arbeitsweltbezogene Bildungsbegleitung am »gemeinsamen Gegenstand«, die auch Menschen mit schwerer und mehrfacher Behinderung berücksichtigt, notwendig sind. Zur Beantwortung dieser Fragen werden der Ist-Stand zur Struktur der Angebotslage, die beabsichtigten Zielperspektiven sowie die inhaltlichen und methodischen Vorgehensweisen von arbeitsweltbezogenen Bildungsangeboten für Menschen mit schwerer und mehrfacher Behinderung erhoben. Dabei geht es einer arbeitsweltbezogenen Bildungsbegleitung sowohl um die Erfüllung der Berufsschulpflicht im Kontext der Sonderschule als auch um die Möglichkeit zur beruflichen Erstausbildung und zur Weiterbildung im Rahmen der nachschulischen Angebote in Werkstätten für behinderte Menschen (WfbM) sowie in Förder- und Betreuungsbereichen (FuB). Alle drei genannten Praxisbereiche gehören im Sinne des lebenslangen Lernens zum Untersuchungsfeld des Projektes.

Konkretisierungen

Ein Kernstück des geplanten Forschungsprojektes wird die Entwicklung von theoriegeleiteten, praxisrelevanten didaktischen und methodischen Eckpfeilern für eine binnendifferenzierte arbeitsweltbezogene Bildungsbegleitung sein.

Bei der Entwicklung solcher Theorien und Konzepte können wir bereits jetzt auf unsere bisherigen Forschungstätigkeiten und -ergebnisse zurückgreifen, die wir in Heidelberg im Rahmen eines Forschungsprojektes zur schulischen Situation von Schülerinnen und Schüler mit schwerer und mehrfacher Behinderung (BiSB)[2] gewinnen konnten.

Erkenntnisse aus diesem Projekt ergaben Perspektiven für eine veränderte Unterrichtspraxis bei Schülerinnen und Schülern mit schwerer und mehrfacher Behinderung, die sich mit entsprechenden Modifikationen auch auf die berufliche Bildung übertragen ließen. Auch wenn die Situation von Menschen mit schwerer und mehrfacher Behinderung in

---

2 Bildungsrealität von SchülerInnen mit schwerer Behinderung in Baden-Württemberg [http://www.phhd-forschung.de/druck_projekt.php?id=17]

der Schule nicht mit ihrer Situation im FuB gleichgesetzt werden kann und sollte, müssen bei der beruflichen Bildung in beiden Institutionen grundlegende Fragen der didaktischen und methodischen Gestaltung von Bildungsprozessen geklärt werden.

Ein pädagogisches Leitprinzip bei unseren Überlegungen zur arbeitsweltbezogenen Bildungsbegleitung für Menschen mit schwerer und mehrfacher Behinderung ist die bekannte Forderung von Comenius, dass man alle Kinder alles lehren sollte. Wenn nachfolgend »Kinder« durch »Menschen« im Sinne eines lebenslangen Lernens ersetzt wird, soll damit zum Ausdruck gebracht werden, dass der grundsätzliche Anspruch darin bestehen sollte, Menschen mit schwerer und mehrfacher Behinderung keine Bildungsinhalte vorzuenthalten, wohl wissend, dass wir dabei vorläufig und immer wieder an Grenzen stoßen werden, die aber nicht bei den behinderten Menschen zu sehen sind, sondern in unseren derzeitigen methodischen Beschränkungen (vgl. hierzu und den nachfolgenden Ausführungen auch Lamers und Heinen 2006).

Theoretisch orientieren sich die didaktisch-methodischen Überlegungen an Klafkis Konzept der kategorialen Bildung. Klafkis (vgl. 1996) Bildungsbegriff liegt die Metapher der Begegnung zugrunde. Danach ereignet sich Bildung in der Begegnung des Menschen mit der (kulturellen) Wirklichkeit.

Nach Klafki ist Bildung grundsätzlich zugleich materiale und formale Bildung, wobei die »Aufnahme und Aneignung von Inhalten« als materiale Bildung immer mit der »Formung, Entwicklung und Reifung von körperlichen, seelischen und geistigen Kräften« als formale Bildung verbunden ist. Dieser Vorgang bewirkt eine »doppelseitige Erschließung«. Wenn z.B. ein behinderter Mensch im Rahmen der beruflichen Bildung lernt, wie man mit einer Raspel ein Stück Holz bearbeitet, dann bildet er sich formal, er entwickelt eine motorische Fähigkeit. Dadurch alleine ist er allerdings nur einseitig formal gebildet, denn er hat lediglich eine Fähigkeit erworben oder vielleicht sogar nur antrainiert. Wenn er aber gleichzeitig die Möglichkeit hat, Wissen über das Werkzeug, mit dem er arbeitet,

Berufliche Bildung und Orientierung

oder das Werkstück zu erwerben, z.B. wo das Holz herkommt, welchen Weg es vom Wald bis zum Arbeitsplatz nimmt, in welchen Zusammenhängen es verwendet wird, wie es riecht, wie es sich anfühlt usw., dann bildet sich dieser Mensch auch material. Er erwirbt Wissen über die Welt, über unsere Kultur. Erst wenn beide Aspekte

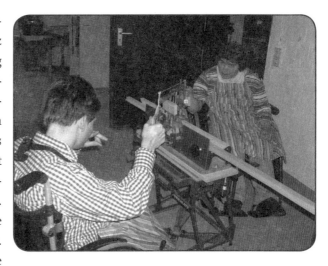

zusammenkommen, findet doppelseitige Erschließung, findet in diesem Beispiel berufliche Bildung im eigentlichen Sinne statt.

Grundsätzlich gehen unsere Überlegungen davon aus, dass sich auch Menschen mit schwerer und mehrfacher Behinderung material bilden, sich also Wissen über die Welt aneignen können. Formale Bildung findet auch heute schon in den Werkstätten und Förder- und Betreuungsbereichen z.B. durch Wahrnehmungsförderung, motorische Förderung oder Förderung der Kommunikation statt, Angebote zur materialen Bildung findet man dagegen eher selten, wobei es durchaus einige positive Beispiele auf den Seiten von »Aktion Bildung« gibt, die aber, wie oben ausgeführt wurde, nicht immer für alle Menschen methodisch umgesetzt werden.

Geht man davon aus, dass auch berufliche Bildung im Sinne Klafkis formale und materiale Bildungsinhalte einschließen sollte, muss die zentrale sich anschließende Frage sein, wie diese vermittelt, also welche Methoden eingesetzt werden sollen (vgl. dazu den Beitrag von Klauß in diesem Band).

Dabei müssen die gewählten Methoden den Lernwegen der Menschen, die am Lerngeschehen teilnehmen, angepasst werden. Es geht also darum, methodische Entscheidungen ausgehend von den individuellen Aneignungsmöglichkeiten der Lernenden zu treffen. Dabei gilt es zu berücksichtigen, dass Menschen sich Bildungsinhalte unterschiedlich aneignen. Für jeden werden andere Aspekte eines Inhaltes bedeutsam, das ist in der Individualität und Subjektivität jedes Menschen begründet. Es ist eine Entscheidung jedes Subjekts, was es von den angebotenen Gegenständen zu seinem »eigenen« macht.

Wie Bildungsinhalte angeeignet und in die eigene innere geistige Struktur integriert werden, kann von außen zwar angeregt, nicht aber bestimmt, nicht einmal eindeutig erkannt werden. Die Aneignung von Inhalten findet bei jedem Menschen unterschiedlich statt, jeder hat verschiedene Möglichkeiten, zu einem Inhalt einen Zugang zu finden und sich diesen zu eigen zu machen.

Die Erkenntnis, dass man sich mit einem Inhalt auf sehr unterschiedliche Art und Weise auseinandersetzen und daran bilden kann, hat für Menschen mit schwerer und mehrfacher Behinderung eine besondere Bedeutung. Wenn es gelingt, Bildungsinhalte so anzubieten und gemeinsam zu erarbeiten, dass jeder Mensch die ihm möglichen Zugangs- und Aneignungsmöglichkeiten dabei nutzen kann, dann ist eine gemeinsame Beschäftigung mit gleichen Inhalten trotz ganz unterschiedlicher Voraussetzungen möglich. Alle können an den gleichen allgemeinen Bildungsinhalten teilhaben!

Die Berücksichtigung unterschiedlicher Aneignungsmöglichkeiten ermöglicht es Menschen mit ganz unterschiedlichen Lernvoraussetzungen, sich mit gleichen Inhalten zu beschäftigen und sich diese anzueignen. Das bedeutet jedoch nicht, dass diese für jede Person dieselbe Bedeutung erhalten und dass die Lernenden dabei dasselbe lernen. Die Art der Aneignung entscheidet mit darüber, inwiefern der jeweilige Inhalt für einen Menschen bedeutsam wird und wie dieser sich dabei selbst verändert und entwickelt (»doppelseitige Erschließung«).

Notwendiger Aufbruch mit zu erwartenden Hindernissen
Die UN-Konvention, so wurde eingangs aufgezeigt, beinhaltet auch, dass

Menschen mit schwerer und mehrfacher Behinderung ohne Diskriminierung und gleichberechtigt mit anderen Zugang zu einer inklusiven Schule sowie zu Berufsausbildung, Erwachsenenbildung und zum lebenslangen Lernen ermöglicht werden soll (vgl. Artikel 24). Darüber hinaus fordert sie in Artikel 27 (»Arbeit und Beschäftigung«) unter anderem, das Recht von Menschen mit Behinderungen auf Arbeit anzuerkennen und die notwendigen Maßnahmen zu ergreifen, um dessen Verwirklichung »sichern und fördern« zu können.

Der Begriff Inklusion im Kontext beruflicher Bildung impliziert die Berücksichtigung *aller* Personen, ungeachtet einer Behinderung, in den rechtlichen Grundlagen und in der Bereitstellung von finanziellen sowie personellen Ressourcen im Bildungssystem sowie in der barrierefreien Zugänglichkeit von Bildungsinstitutionen.

Die vorangegangenen Ausführungen können nur als erste Impulse für eine zu verändernde Praxis im Sinne der Konvention verstanden werden. Eine umfassende Umsetzung kann jedoch nur gelingen, wenn für die Praxis entsprechende Konzeptionen entwickelt werden und wenn in den Institutionen entsprechend hoch qualifiziertes bzw. entsprechend weitergebildetes Personal vorhanden ist, das in diesem Sinne berufliche Bildungsangebote für Menschen mit schwerer und mehrfacher Behinderung realisieren kann. Diese Notwendigkeit knüpft wiederum an die grundsätzliche Bereitschaft der Institutionen an, sich der beruflichen Bildung von Menschen mit schwerer und mehrfacher Behinderung zu stellen. Es ist an der Zeit, sich auf den Weg zu machen, innovativ berufliche Bildungsmöglichkeiten für Menschen mit schwerer und mehrfacher Behinderung zu entwickeln. Nur so kann man den sozialpolitischen Entscheidungsträgern und schließlich der breiten Öffentlichkeit aufzeigen, dass auch Menschen mit schwerer und mehrfacher Behinderung etwas leisten können, das Beachtung und Anerkennung findet. Menschen mit schwerer und mehrfacher Behinderung grundsätzlich in den Institutionen in die berufliche Bildung einzubeziehen, würde die Qualität der derzeitigen Arbeit um ein Vielfaches erhöhen und ihre Zukunftsperspektiven verbessern. Die Frage, die heute häufig gestellt wird, ob ein Zwei-Milieu-Prinzip für diesen Personenkreis überhaupt wichtig ist, ließe sich sehr viel eindeutiger beantworten. Es kann allerdings auch nicht verschwiegen werden, dass aktuelle sozial- und arbeitspolitische Entwicklungen den Verdacht aufkommen lassen, dass Menschen mit schwerer und mehrfacher Behinderung, wie in der Geschichte schon so oft, wieder einmal exkludiert werden.

Die Bundesagentur für Arbeit hat, wie eingangs bereits erwähnt, im Juni 2010 ein Fachkonzept für das Eingangsverfahren und den Berufsbildungsbereich in Werkstätten für behinderte Menschen (HEGA 06/2010 – Fachkonzept EV/BBB) veröffentlicht, das bereits im Herbst 2010 in den Institutionen eingeführt und umgesetzt werden soll.

Die Bundesagentur nimmt in ihrem Papier dabei direkten Bezug auf die UN-Konvention der Rechte von Menschen mit Behinderung und betont die Bedeutung des Konzeptes der Inklusion im Kontext von Arbeit und sinnvoller Tätigkeit. Ziel der HEGA ist es, dass »durch das Fachkonzept (…) die Möglichkeiten zur selbstbestimmten Teilhabe behinderter Menschen am Arbeitsleben verbessert und somit ein Beitrag zur Umsetzung der in der UN-Konvention über die Rechte behinderter Menschen verankerten Zielsetzung beruflicher Inklusion geleistet werden sollen« (Bundesagentur für Arbeit 2010).

Diese Zielsetzung der beruflichen und arbeitsweltbezogenen Inklusion von Menschen mit Behinderung ist in besonderem Maße zu begrüßen und stellt eine bildungs- und arbeitsmarktpolitische Neuerung im Kontext der Werkstätten für behinderte Menschen dar. Durch die in der HEGA festgelegten Maßnahmen wird der Zugang zum allgemeinen Arbeitsmarkt, der im Artikel 27 zur »Arbeit und Beschäftigung« der UN-Konvention gefordert wird, für einige Menschen mit (leichteren) Behinderungen bereitet. Es ist allerdings völlig unverständlich, warum Menschen mit schwerer und mehrfacher Behinderung in diesem Papier keinerlei Erwähnung finden, und es ist zu vermuten, dass dieser Personenkreis auch zukünftig von den Eingangsverfahren und von einer beruflichen Bildung ausgeschlossen werden soll. Dies würde einen eklatanten Verstoß gegen

Artikel 27 der UN-Konvention und eine Diskriminierung von Menschen mit schwerer und mehrfacher Behinderung darstellen.

Eine etwas wohlwollendere Interpretation wäre, dass die HEGA keine Unterschiede im Personenkreis macht und sie deshalb grundsätzlich auch für Menschen mit schwerer und mehrfacher Behinderung gilt. Dies wäre zwar überaus begrüßenswert, allerdings erweisen sich dann die in der HEGA vorgeschlagenen Maßnahmen und Methoden für diesen Personenkreis als völlig ungeeignet. Weder die Gestaltung eines barrierefreien Zugangs zur Darstellung von Informationen, noch das methodische Vorgehen bei der Vermittlung von Bildungsinhalten, noch Methoden der individuellen Analyse des Leistungspotenzials, noch Wege einer verpflichtenden Beteiligung der behinderten Menschen, um nur einige wenige 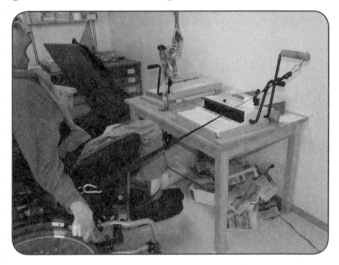 Beispiele aus dem Papier zu nennen, sind auch nur in Ansätzen für Menschen mit schwerer und mehrfacher Behinderung konkretisiert.

Zudem werden in der HEGA mit Verweis auf die §§ 9-11 der Werkstättenverordnung Anforderungen an das Fachpersonal gestellt, die eine komplexe sonderpädagogische Kompetenz und eine weitreichende Qualifizierung im Bereich der Diagnostik sowie der Methodik und Didaktik erfordern (vgl. Bundesagentur für Arbeit 2010). Es stellt sich allerdings die dringliche Frage, inwieweit dies auch im Hinblick auf den Personenkreis von Menschen mit schwerer und mehrfacher Behinderung hin intendiert ist. In der fachwissenschaftlichen Diskussion der Schwerbehindertenpädagogik wird festgestellt, dass dazu noch neue Verfahren der Diagnostik und Kompetenzerfassung entwickelt, erprobt oder aus dem schulischen Bildungsbereich übertragen werden müssen. Die Kompetenz, diese Verfahren anzuwenden, ist sicherlich noch nicht in den Praxisfeldern verankert.

Unabhängig davon, wie man die HEGA interpretiert, beinhaltet sie in der derzeitigen Form ein hohes Exklusionsrisiko für Menschen mit schwerer und mehrfacher Behinderung, dem es gilt vehement und auf breiter Front entgegenzuwirken.

Literatur

BAG:WfbM (2007): Arbeitskreis berufliche Bildung. Online verfügbar unter http://www.bagwfbm.de/article/665 [zuletzt geprüft am 22. 08. 2010].

BAG:WfbM (2008): Bildungsfähig? Werkstattfähig! Online verfügbar unter http://www.bagwfbm.de/article/746 [zuletzt geprüft am 22. 08. 2010].

Bundesagentur für Arbeit: HEGA 06/10 - 02 -Teilhabe am Arbeitsleben – Fachkonzept für Eingangsverfahren und Berufsbildungsbereich in Werkstätten für behinderte Menschen (WfbM). Online verfügbar unter http://www.arbeitsagentur.de/nn_165870/zentraler-Content/HEGA-Internet/A03-Berufsberatung/Dokument/HEGA-06-2010-Fachkonzept-WfbM.html [zuletzt geprüft am 22. 08. 2010].

Bundesministerium der Justiz (2001): Sozialgesetzbuch Neuntes Buch (SGB IX) Rehabilitation und Teilhabe behinderter Menschen. Fassung vom 01. 07. 2001.

Bundesministerium für Arbeit und Soziales (BMAS) (2009): Menschenrechtsübereinkommen über die Rechte behinderter Menschen. Volltext der Arbeitsübersetzung des internationalen Übereinkommens über die Rechte behinderter Menschen. Online verfügbar unter www.bmas.de/portal/2888/uebereinkommen__ueber__die__rechte__behinderter__menschen.html [zuletzt geprüft am 22. 08. 2010].

Bürkle, Peter (2001): Konzeption eines integrierten Arbeitslehreunterrichts in der Werkstufe der Schule für Geistigbehinderte. Hausarbeit zur zweiten Staatsprüfung für das Lehramt für Sonderpädagogik vorgelegt dem Staatlichen Prüfungsamt für zweite Staatsprüfungen für Lehrämter an Schulen Dortmund Abt. Sonderpädagogik Gelsenkirchen. Studienseminar für das Lehramt für Sonderpädagogik. Online verfügbar unter www.zum.de/Faecher/Sonder/BW/gb/texte/zulas/Arbeitslehrekonzeptonline.pdf [zuletzt geprüft am 22. 08. 2010].

Grampp, Gerd (1998): Berufliche Bildung in der Werkstatt für Behinderte zwischen Qualitätssicherung und gesetzlichem Auftrag. In: Erwachsenenbildung und Behinderung, Jg. 9, H. 1, S. 11–16.

Grampp, Gerd (1998): Selbstverwirklichung im sinnhaften Tätigsein mit anderen – Der Anspruch mehrfach behinderter Menschen auf berufliche Rehabilitation und Integration. In: Behindertenpädagogik, Jg. 37, H. 4, S. 361–374.

Klafki, Wolfgang (1996): Neue Studien zur Bildungstheorie und Didaktik. Weinheim / Basel, 5. Auflage

Lamers, Wolfgang (2000): Goethe und Matisse für Menschen mit einer schweren Behinderung. In: Heinen, Norbert; Lamers, Wolfgang (Hg.): Geistigbehindertenpädagogik als Begegnung. Düsseldorf: verlag selbstbestimmtes leben, S. 177–206.

Lamers, Wolfgang; Heinen, Norbert (2006): Bildung mit ForMat. Impulse für eine veränderte Unterrichtspraxis mit Schülerinnen und Schüler mit einer (schweren) Behinderung. In: Laubenstein, Desiree; Lamers, Wolfgang; Heinen, Norbert (Hg.): Basale Stimulation kritisch - konstruktiv. Düsseldorf: verlag selbstbestimmtes leben, S. 141–205.

Lelgemann, Reinhard (2009): Berufliche Bildung im Förder- und Betreuungsbereich – Muss das sein? (Vortrag im Rahmen der Fachtagung »Also lautet ein Beschluss, dass der Mensch was lernen muss ...« Berufliche Bildung im Förder- und Betreuungsbereich? vom 27. 09.2005. Online verfügbar unter 129.143.232.215/fub/referate/Vortrag_Prof.Lelgemann.pdf [zuletzt geprüft am 22. 08. 2010].

Bildungsangebote im Bereich Arbeit und Beschäftigung für Menschen mit hohem Hilfebedarf

Theo Klauß

Mit der neuen UN-Konvention über die Rechte von Menschen mit Behinderungen (Behinderten Rechts Konvention) verpflichtet sich die BRD unter anderem, das »gleichberechtigte Recht von Menschen mit Behinderungen auf Arbeit« anzuerkennen und die notwendigen Maßnahmen zu ergreifen, um dessen Verwirklichung »sichern und fördern« zu können. Welche Bedeutung hat dieses Recht für Menschen, die wir schwer(st) und mehrfachbehindert nennen und die bisher nicht einmal ein Anrecht auf eine Beschäftigung in einer Werkstatt für behinderte Menschen (WfbM) oder einer Tagesstätte haben? Was benötigen sie zu einem menschenwürdigen Leben? Was ermöglicht es ihnen, sich an Bildung zu beteiligen, auch an beruflicher, und wodurch werden sie möglicherweise daran gehindert? Welche Bedeutung kommt verschiedenen Professionen zu, um das Ziel der Teilhabe im Bereich der Arbeit zu erreichen?

Die Förder- und Betreuungsbereiche (FuB) und ihr Beitrag zum Recht auf Teilhabe im Bereich der Arbeit

Es geht um das Recht auf Teilhabe. Es ist längst keine Selbstverständlichkeit, dass besonders beeinträchtigte Menschen in unserer Gesellschaft dazugehören können. Das Recht auf den Besuch einer (Sonder-)Schule haben sie seit Ende der 1970er Jahre. In den Werkstätten und in den Förder- und Betreuungsbereichen (FuB) sind sie (noch) davon abhängig, ob Plätze vorhanden sind und ob sie nicht in einem Bundesland leben, das Menschen mit hohem Hilfebedarf in Heimen den Zugang zu einem gesonderten tagesstrukturierenden Angebot – entgegen der Rechtslage (§ 136 Abs. 3 SGB IX) – vorenthält (vgl. Klauß 2006). Bei der Nutzung der FuB ist ungeklärt, welche Angebote erforderlich und sinnvoll sind und ob die vorhandenen Angebotsstrukturen auch dem entsprechen, was diese Menschen zur selbstbestimmten Teilhabe in diesem Bereich brauchen (Lamers 2008). Die Integration der Menschen endet nicht mit ihrer Aufnahme in eine Fördergruppe, sie fängt dann erst an, wenn man fragt, wie Teilhabe konkret ermöglicht werden kann.

Reicht es bei manchen Menschen nicht aus, sie gut zu pflegen?

Aus einer Untersuchung zur schulischen Situation von Menschen mit hohem Hilfebedarf wissen wir, dass immerhin 9% der befragten Sonderschullehrer/innen der Meinung voll zustimmen, gute Pflege umfasse »eigentlich alles, was Schüler mit schwer(st)en Behinderungen brauchen«. Pflegekräfte sagen das sogar zu 16% (Klauß u.a. 2006). Fragt man nach, wie solche Auffassungen begründet werden, so kann man vor allem zwei Argumente hören:

- Es gibt Menschen, bei denen reicht es, wenn man sie gut pflegt und sie sich wohlfühlen. Pflege umfasst heute längst nicht mehr nur, dass Menschen ›satt und sauber‹ sind, sie beinhaltet auch Hilfen bei der Kommunikation, bei der Alltagsgestaltung und bei Aktivitäten, die dem Erhalt von Fähigkeiten dienen.

- Die Pflege benötigt zudem bei Menschen mit hohem Hilfebedarf so viel Zeit, dass für die Nutzung anderer Angebote kaum Zeit bleibt. Für FuB würde das bedeuten, dass sie vor allem gutes Pflegepersonal einsetzen sollten, vielleicht auch persönlich engagierte ehrenamtliche Kräfte. Den Menschen wäre damit genug geholfen, und die Sozialkassen würden geschont.

Doch reicht es für ein ›gutes Leben‹, wenn man gute Pflege erhält? Ich verweise hier gerne auf das, was die Sozialphilosophin Martha Nussbaum (2002) erforscht hat: Durch einen weltweiten interkulturellen Vergleich hat sie eine Liste der Möglichkeiten des Menschseins erarbeitet, die für alle Menschen gelten. Es ist, so schlussfolgert sie, unsere Verantwortung als Gemeinwesen, deren Realisierung auch zu ermöglichen. Ihre Liste des guten menschlichen Lebens umfasst zusammengefasst:

Bildungsangebote

- Ein Leben von normaler Dauer, in körperlicher Gesundheit, einschließlich Ernährung und Wohnung, Sexualität und Bewegung, körperlicher Unversehrtheit, zu der sie auch lustvolle Erfahrungen zählt sowie das Spiel, das Lachen und die Erholung (1-3 und 9).
- Sinne, Vorstellungskraft und Denken, Zuneigung zu Dingen und Menschen sowie praktische Vernunft (4-6).
- Zugehörigkeit, in der Lage zu sein, für und mit anderen leben zu können, und sich auf verschiedene Formen familiärer und gesellschaftlicher Interaktion einzulassen, in Anteilnahme für und in Beziehung zu Tieren, Pflanzen und zur Welt der Natur zu leben (7f.).
- Kontrolle über die eigene Umgebung sowie in der Lage zu sein, das eigene Leben und nicht das von irgendjemand anderem zu leben (10). (nach Nussbaum 2002)

Dies macht deutlich, dass Menschen zu einem guten Leben und für ein menschenwürdiges Leben mehr brauchen als eine gute Betreuung und Versorgung. Die FuB sind gefordert, sich diesen Maßstab vorzuhalten. Sie brauchen Kreativität in Bezug auf die Angebote, die sie Menschen mit hohem Hilfebedarf machen können, um beispielsweise auch dem Grundgesetz in Artikel 2,1 zu entsprechen: »Jeder hat das Recht auf freie Entfaltung seiner Persönlichkeit«. Die UN-Konvention macht deutlich, dass zur Verwirklichung dieses Rechtes unter anderem die Teilhabe an Arbeit und Beschäftigung (Art. 27) gehört, und auch die Bildung, die im beruflichen Bereich lebenslange Bedeutung hat (Art. 24).

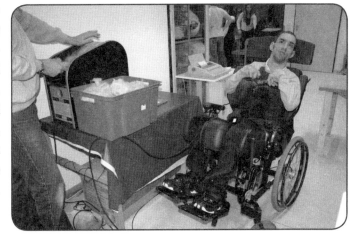

Die Bedeutung von Arbeit und sinnvoller Beschäftigung

Was bedeuten diese Rechte für Menschen mit hohem Hilfebedarf, und welche Anforderungen an die Arbeit der FuB ergeben sich daraus? Welche Bedeutung hat es für sie, ihnen die Teilhabe an Arbeit und Beschäftigung und der dafür erforderlichen Bildung zu ermöglichen?

Natürlich ist es ein Hauptsinn der Arbeit, für den Lebensunterhalt zu sorgen. Die Herstellung von Nahrung, Kleidung, die Sicherung des Wohnraums und der Gesundheit machen Arbeitsleistungen erforderlich. Aber in der Kulturgeschichte des Menschen hat das Arbeiten eine ganze Menge weiterer Bedeutungsaspekte hinzugewonnen. Das wird beispielsweise deutlich, wenn wir Menschen fragen, die keine Arbeit haben. Auch wenn – etwa durch Arbeitslosengeld – für ihren Lebensunterhalt und -erhalt gesorgt ist, fehlt ihnen sehr viel. Arbeitslose Menschen erleben einen elementaren Verlust, den Ausschluss von der Teilhabe an einem wichtigen Aspekt der Gemeinschaft und ein Gefühl von Nutzlosigkeit.

Arbeit und Beschäftigung sind somit aus vielen Gründen wichtig. Etwas, was zunächst in der Vorstellung da ist, wird Realität. Das ist eine wertvolle, wichtige Erfahrung: Nach dem Plan hat man ein Produkt in der Hand. Bei der Arbeit kommt etwas für uns selbst Bedeutsames zustande: Wir erleben uns als produktiv und können stolz darauf sein. Dabei bilden wir Interessen und entwickeln Stärken. Durch Arbeit entsteht etwas für andere Menschen so Wichtiges, dass sie Geld dafür bezahlen. Und wer durch Arbeit Geld verdient und sich selbst ernähren kann, ist nicht von Unterstützung ohne eigene Gegenleistung abhängig. Das ist wichtig für das Selbstbewusstsein und das Selbstwertgefühl.

Beim Arbeiten entsteht etwas Neues, die Menschen erleben sich dabei als produktiv und als fähig, etwas zu bewirken und hervorzubringen. Dem produktiv Tätigen wird dabei etwas abverlangt, an dem er sich beweisen und verausgaben kann: Anstrengung, Anpassung an Material, Werkzeug und fachliches Wissen. Bei Arbeit und Beschäftigung benötigte Fähigkeiten fordern und fördern Bildung, sowohl im Bereich der Kulturtechniken (beispielsweise Messen und Berechnen, Pläne zeichnen oder Lesen und

Schreiben) als auch in Bezug auf handwerkliche und ästhetische Kompetenzen.

Arbeit strukturiert den Tag, die Woche, das Jahr und das ganze Leben. Erst durch die Arbeits-Zeit entsteht ein Gefühl für Frei-Zeit, die man zur Entspannung oder Bildung nutzt. Außerdem erfordert Arbeit in der Regel den Wechsel zwischen Lebenswelten. Sie bereichert das Leben durch Erfahrungen in mehreren Milieus und verhindert ein nur auf eine Lebenswelt, auf eine soziale Rolle reduziertes Leben (vgl. Goffman 1973; Klauß 1995). Arbeit geschieht meist in Kooperation und Abstimmung mit anderen. Soziale Regeln, »Arbeitstugenden« wie Zuverlässigkeit, Fleiß, Verantwortlichkeit, Pünktlichkeit werden beim Arbeiten als wichtig erlebt und angeeignet. Arbeit erfordert Kommunikation: Absprachen, Koordination und Erfahrungsaustausch bringen ins Gespräch, und auch kommunikative Pausen gäbe es nicht ohne Arbeit.

Arbeit setzt also Lernen und Bildung voraus, sie ermöglicht Lernen, und sie besteht darin, dass wir Erlerntes anwenden, Kenntnisse und Kompetenzen nutzen und weiterentwickeln (Klauß 2005). Teilhabe in diesem Lebensbereich erfordert und beinhaltet also Bildung.

Was brauchen Menschen mit hohem Hilfebedarf in FuBs?

Gibt es Bedingungen, Voraussetzungen, die dafür erfüllt sein müssen, dass diese mit ›Arbeit‹ verbundene Erfahrungen möglich sind? Wie gelingt die dafür erforderliche Bildung? Was brauchen die Menschen mit hohem Hilfebedarf von uns?

Arbeit meint ein an Zielen und Plänen orientiertes Handeln. Wir müssen anerkennen, dass nicht alle Menschen die Kompetenzen ausbilden können, die in einem umfassenden Sinne für ›Arbeit‹ erforderlich sind. Dennoch können die Angebote der FuB sich an dem Recht auf Arbeit und Beschäftigung für alle Menschen orientieren. Sie können sich dem annähern, was Arbeit in unserer Kultur bedeutet, und dabei unterstützen, möglichst viel davon zu realisieren. Dazu gehört beispielsweise:

- Gute ›Arbeitsbedingungen‹ bereitstellen, eine Umgebung schaffen und Unterstützung so geben, dass für das körperlich-seelische Wohlbefinden gesorgt ist;
- Aktivitäten ermöglichen, die interessant sind (also Interesse wecken) und Spaß an der Betätigung hervorrufen;
- Aktivitäten anregen, bei denen Materialerfahrung möglich ist und Eigenwirksamkeit erlebt werden kann;
- dazu anregen, die Sinne zu nutzen und die Vorstellungskraft zu entwickeln, wie etwas aussehen könnte, was man gestaltet;
- das Erleben von vielfältiger Produktivität, von Selbstwirksamkeit und Selbstbestimmung ermöglichen;
- Lernen und Bildung ermöglichen durch das Kennenlernen und Wahrnehmen der Welt;
- bei der Aneignung und Anwendung von Fähigkeiten unterstützen, auf die man stolz sein kann;
- Soziales Zusammensein und -gehören fördern, beispielsweise bei gemeinsamer Produktivität;
- Kommunikation mit anderen Menschen unterstützen.

Im Folgenden soll auf einige Aspekte eingegangen werden, die erforderlich erscheinen, um solche Erfahrungen zu ermöglichen. Dazu gehören die Voraussetzungen, die für Bildung im Bereich von Arbeit und Beschäftigung von Menschen mit hohem Hilfebedarf benötigt werden, die Unterstützung von Bildungsprozessen als auch die professionellen Begleiter/innen und ihre Kooperation miteinander, die in FuBs arbeiten.

Voraussetzungen und Behinderungen von Bildung

Aus dem Recht auf Arbeit und sinnvolle Beschäftigung leitet sich auch das Anrecht ab, sich in diesem Bereich bilden und das Notwendige lernen zu können. Doch reicht es aus, Menschen mit hohem Hilfebedarf die entsprechenden Beschäftigungs- und Arbeitsangebote zu geben und die notwendigen Fähigkeiten einzuüben? Zu den Bedingungen, unter denen

es – auch – für diese Menschen möglich ist, sich sinnvoll zu betätigen und dafür zu bilden, gehören unter anderem
- Pflege und Therapie als Sorge für das körperlich-seelische Wohlbefinden,
- Unterstützung im sozial-emotionalen und Verhaltensbereich, sowie
- Hilfen und Anregungen zum Austausch von Informationen und Anliegen, zur Kommunikation.

Das Leben mit einer schweren und mehrfachen Behinderung bedeutet, dass die Menschen in der Regel nicht selbstständig für ihr körperlich-seelisches Wohlbefinden sorgen können. Welche Beeinträchtigungen bringen sie mit? In einem Forschungsprojekt zur schulischen Bildung von Kindern und Jugendlichen mit schwerer und mehrfacher Behinderung (Klauß u.a. 2006) gaben die Eltern fast aller Kinder neben einer schweren geistigen Behinderung eine Beeinträchtigung von Stimme und Sprache an. Bei drei Viertel der Schüler (76%) wurden schwere körperliche Behinderungen genannt, häufig auch Sinnesbeeinträchtigungen. Etwa ein Fünftel (21%) braucht medizinische Behandlungen in der Schule und fast die Hälfte (44%) zu Hause. Jedes zehnte Kind benötigt Sondenernährung.

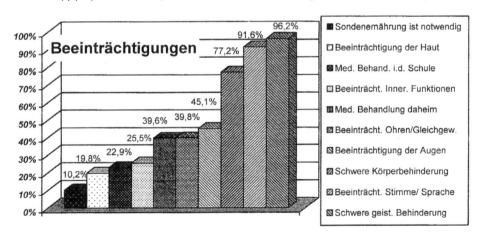

Abbildung 1: Beeinträchtigungen von Schülern mit schwerer und mehrfacher Behinderung (Einschätzung der Eltern; N=165)

Durch diese Beeinträchtigungen ist die Lebenssituation von Menschen mit hohem Hilfebedarf durch eine umfassende Abhängigkeit von anderen Menschen gekennzeichnet. Sie brauchen fast alle durchgehend (»immer«) Unterstützung und Anregung im Bereich der Alltagsbewältigung (Selbstversorgung). Sehr oft ist regelmäßige Hilfe bei der Bewegung notwendig, meist auch zur sozialen Anpassung und Kommunikation (damit soziale Anpassung und Kommunikation ermöglicht werden), in Bezug auf die Gesundheit sowie deshalb, weil diese Kinder und Jugendlichen (sonst) unter Langeweile leiden würden, weil sie zum Spielen Hilfe benötigen und auffallende Verhaltensweisen entwickelt haben (Klauß u.a. 2006).

Pflege und Therapie als Sorge für das körperlich-seelische Wohlbefinden

Jeder Mensch ist auf Pflege angewiesen, weil er einen Körper hat, weil er ein Körper ist. Wenn die körperlich bedingten Bedürfnisse nicht ge- und beachtet werden, ist er nicht nur in seiner Existenz bedroht. Wen Hunger und Durst quälen oder wer Schmerzen leidet, für den haben seine unbefriedigten Bedürfnisse Vorrang. Er nutzt kaum Bildungsangebote. Wir nennen Menschen ›pflegebedürftig‹, wenn sie bei der Sorge für ihr körperlich-seelisches Wohlbefinden auf die Unterstützung anderer Menschen angewiesen sind. Oft bedeutet das auch, dass andere über sie bestimmen, wie, wann und von wem diese Unterstützung erfolgt.

Wer in seiner Beweglichkeit eingeschränkt ist, Orte seiner Wahl nicht selbstständig erreichen und mit Dingen nicht das tun kann, was er möchte, ist an der Bildung und an sinnvoller Tätigkeit behindert. Physiotherapeutische Angebote, aber auch die Ausstattung mit Geräten usw., können dies teilweise kompensieren. Bei Menschen mit hohem Hilfebedarf sind eine gute Pflege, gute Sorge für die Gesundheit und therapeutische Angebote erforderlich, damit sie von bildenden und Beschäftigungsangeboten profitieren können, deshalb werden diese auch in einer Fördergruppe gebraucht.

Unterstützung im sozial-emotionalen Bereich
Die gesamte Entwicklung eines Menschen und damit natürlich auch seine Bildung im Bereich beruflich-praktischer Betätigung hängen auch von psychischen und emotionalen Bedingungen und von seinen Möglichkeiten im Bereich des Verhaltens ab. Wenn Menschen sich selbst verletzen, wenn sie andere stören oder angreifen, wenn sie Dinge zerstören oder sich depressiv zurückziehen und unglücklich sind, bleibt ihnen Bildung ebenfalls verschlossen. Die Unterstützung der Menschen in Bezug auf besondere Verhaltensweisen, auf den Umgang mit sich selbst und anderen Personen und Dingen als auch bei der Bewältigung emotionaler Probleme wie Angst, Anspannung, Unruhe etc. gehört ebenfalls zu den Voraussetzungen für sinnvolle Beschäftigung und Bildung in diesem Bereich, um die sich eine Werkstatt oder ein FuB kümmern werden, wollen sie die Rechte der Menschen ernst nehmen.

Hilfen und Anregungen zum Austausch von Informationen und Anliegen, zur Kommunikation
Ohne Kommunikation sind Bildung und gemeinsame sinnvolle Beschäftigung nicht möglich. Menschen mit hohem Hilfebedarf zeigen in diesem Bereich besondere Beeinträchtigungen. Gleichzeitig zeigt sich aber, dass Kommunikation mit ihnen möglich ist, wenn es gelingt, ihre teilweise minimalen Hinweise und spezifischen Ausdrucksformen wahrzunehmen und zu interpretieren. Viele von ihnen können auch von den inzwischen vielfältigen Hilfsmitteln und Formen der so genannten Unterstützten Kommunikation (›UK‹; vgl. Kristen 1994) profitieren. Entsprechende Kenntnisse und Kompetenzen sind deshalb auch in den FuB unerlässlich.

Bildung ermöglichen
Menschen mit hohem Hilfebedarf brauchen jedoch nicht nur ›gute Pflege‹. Sie haben auch ein Anrecht auf Bildung. Die Erarbeitung eines Konzeptes der beruflichen Bildung, das auch Erwachsene mit schwerer und

mehrfacher Behinderung einbezieht, steht noch aus. In ihren Grundzügen sollte sie sich allerdings nicht wesentlich von dem unterscheiden, was in der Schule genutzt werden kann, um eine ›Bildung für alle‹ zu ermöglichen (vgl. Klauß & Lamers 2003). Wie ist es möglich, dass sich alle Menschen, auch solche mit sehr begrenzten kognitiven und motorischen Möglichkeiten, mit den gleichen Bildungsinhalten auseinandersetzen wie ihre Altersgenossen, und sich diese auf ihre Art und Weise zu eigen machen? Der Ansatz lässt sich kurz so zusammenfassen:

- Idee: Alle können sich gleiche Bildungsinhalte aneignen
- Voraussetzung: Berücksichtigung unterschiedlicher individueller Voraussetzungen und Zugangsmöglichkeiten

Im Unterschied zum Tier kommen Menschen nicht mit ihrer genetischen Ausstattung aus. Sie sind bildungsbedürftig und müssen das, was ihnen fehlt, durch Aneignung von Kultur ausgleichen. Der Mensch ist damit auf zwei unterschiedliche, aber zusammenwirkende Vererbungsprozesse angewiesen, auf biologische und soziale. Was er zum Leben braucht, steht ihm aus zwei Quellen zur Verfügung: Aus dem organischen Erbe und aus dem kulturellen Erbe. Er kann – und muss – auf ein doppeltes Erbe zugreifen und sich dieses aneignen: auf das, was ihm als Möglichkeit in den genetischen Anlagen bereitsteht, und in dem, was Menschen über Jahrtausende an Möglichkeiten der Lebensgestaltung entwickelt haben und was hier als kulturelles Erbe bezeichnet wird. Durch die Aneignung des kulturellen Erbes kann der Mensch das in ihm Angelegte erst ausbilden und in eine ihm entsprechende individuelle Form bringen. Darum geht es bei der Bildung. Sie meint die Entfaltung der eigenen Kräfte durch Aneignung der Kultur, durch die Erschließung des doppelten Erbes (vgl. Klafki 1996 und Beitrag von Lamers in diesem Band). Die Kultur enthält eine fast unendliche Vielfalt von Möglichkeiten, wie man sich und die Welt wahrnehmen und verstehen oder wie man Bedürfnisse befriedigen kann, wie man Bewegung und Unterhaltung genießen, wie man Zwecke erreichen (Kenntnisse, Fertigkeiten), etwas gestalten und kommunizieren kann. Indem Menschen mit diesen Möglichkeiten in Berührung kommen, sich mit ihnen auseinandersetzen, dabei auch unterstützt werden, eignen sie sich einige dieser Möglichkeiten der Lebensführung an. Im Bildungsprozess werden also zugleich menschliche Individualität und Autonomie ausgebildet und die Kultur weiterentwickelt.

Bildung bei Arbeit und Beschäftigung

Wir gehen bei unseren Überlegungen davon aus, dass sich auch Menschen mit schwerer Behinderung material bilden können, sich also Wissen über die Welt aneignen, es zu etwas ihnen ›Eigenem‹ machen können.

Ein Beispiel aus der schulischen Bildung
Das folgende Beispiel, das für den schulischen Unterricht erarbeitet wurde, könnte auch für berufliche Bildung relevant sein, weil es um physikalische und technische Zusammenhänge geht. Es belegt unter anderem, wie ein ›normaler‹ Bildungsinhalt in einer heterogenen Lerngruppe realisierbar ist, also auch unter Einbeziehung von Menschen mit hohem Hilfebedarf.

Am Anfang der Planung eines Unterrichts steht die Auswahl eines Inhalts, also die Frage, womit sich die Lerngruppe inhaltlich auseinandersetzen soll. Das Thema ›Energie‹ ist für die Schüler in ihrer gegenwärtigen Lebenssituation und auch in der Zukunft von vielfältiger Bedeutung. So beeinflusst z.B. die Nutzenergie, besonders in Form von Strom, unser tägliches Leben und hat Auswirkungen auf unsere Lebensqualität, etwa in

Form des elektrischen Lichtes oder der Nutzung elektrischer Geräte. Elektrische Energie wird in diesen Geräten in Bewegungsenergie umgewandelt. Täglich nutzen z.b. die Menschen in den Werkstätten Gegenstände, die als sogenannte Energieumwandler dienen, da eine Energieform in eine andere übertragen wird, z.B. eine elektrische Schleifmaschine, ein elektrischer Rollstuhl usw.

Welche Erkenntnisse können nun bei der Bearbeitung des Themas Energie gewonnen werden? Ein zentraler Aspekt der Energie wird im sogenannten ›Energieerhaltungssatz‹ ausgedrückt. Im Alltag spricht man davon, dass Energie »erzeugt« oder »verbraucht« wird – in Wirklichkeit kann man Energie aber nicht »herstellen« oder »vernichten«. Energie nimmt – innerhalb eines abgeschlossenen Systems – nie ab oder zu. Sie wird immer nur umgewandelt.

Dieser Zusammenhang, der in einem komplizierten theoretischen Satz ausgedrückt werden kann, ist aber nicht nur Menschen zugänglich, die kompliziert denken können. Er lässt sich auch auf anderen Wegen erfahrbar und erkennbar machen.

So kann man diesen Zusammenhang etwa durch den Betrieb von Geräten oder das Leuchten einer Lampe erfahren und erkennen. Bewegungsenergie kann durch Selbstbewegung oder das Erleben von Situationen des Bewegt-werdens am eigenen Körper erlebt werden. Man nutzt hier die Tatsache, dass sich Menschen Bildungsinhalte unterschiedlich aneignen können. Diese Erkenntnis hat für Menschen mit schwerer Behinderung eine besondere Bedeutung. Die Berücksichtigung unterschiedlicher Aneignungsmöglichkeiten ermöglicht es Menschen mit ganz unterschiedlichen Lernvoraussetzungen, sich mit gleichen Inhalten zu beschäftigen und sich diese anzueignen. Wir unterscheiden dabei vier verschiedene Aneignungsniveaus:

- »*Basal-perzeptive*« *Aneignung* meint, dass Menschen die Welt und auch den eigenen Körper und deren Form und Beschaffenheit, deren Veränderung und die darin wirksamen Prozesse erleben, erkunden, kennen lernen und sich zu eigen machen, indem sie fühlen, schmecken, sehen, riechen, hören und spüren. Das Wahrnehmen ist eine grundlegende, also ›basale‹ Möglichkeit der aktiven Aneignung, über die jeder Mensch verfügt. Zu den basalen Aneignungsmöglichkeiten gehört auch die der (Selbst-)Bewegung, also die Entfaltung von bekannten und neuen Bewegungsmöglichkeiten und die Freude daran, wodurch auch neue Möglichkeiten der Wahrnehmung der Welt erschlossen werden.

- »*Konkret-gegenständliche*« *Aneignung* meint die aktiv tätige Auseinandersetzung mit der Welt, bei der eine äußerlich sichtbare Aktivität im Umgang mit Dingen und Personen stattfindet. Dazu gehören einerseits die Entdeckung von vielfältigen in der Welt und unserer Kultur vorhandenen Effekten, die Wiederholung der entsprechenden Aktivität und das manipulierende Erkunden von Gegenständen (auch von Tieren und Menschen). Gemeint ist hier aber auch die Ausbildung und Nutzung praktischer Fertigkeiten, wobei man sich an der ›richtigen‹ (kulturadäquaten) Nutzung von Gegenständen sowie an sozialen Regeln etc. orientiert.

- »*Anschauliche*« *Aneignung* meint, dass Menschen sich von der Welt, von Ereignissen, Personen, Gegenständen und Zusammenhängen und auch vom eigenen Handeln auch ein ›Bild‹ machen und dass sie anschauliche Darstellungen, Modelle etc. verstehen sowie zur Auseinandersetzung mit Inhalten nutzen können. Sie können beispielsweise im szenischen oder Rollen-Spiel ihre Vorstellungen von Ereignissen und Personen darstellen oder mit Hilfe der Anschauung Probleme lösen, auf dieser Grundlage Neues erproben und erkunden sowie etwas nach eigenen Ideen gestalten.

- »*Abstrakt-begriffliche*« *Aneignung* meint, dass Objekte, Informationen, Zusammenhänge nicht nur konkret und anschaulich, bildlich oder spielerisch erfasst werden, sondern auch von der Anschauung abstrahiert und begrifflich (mit Hilfe von Symbolen und Zeichen) wahrgenommen, erkundet, erfasst, benannt und verstanden werden. Eine gedankliche Auseinandersetzung mit Inhalten gelingt hier auch ohne konkrete Anschauung, Erkenntnisse können auf rein gedanklichem Wege gewonnen werden. Menschen mit hohem Hilfebedarf, die sich die Welt primär basal-perzeptiv aneignen können, muss der Lerninhalt mit entsprechend basalen Methoden präsentiert werden. Doch auch die anderen Aneignungsformen sind dabei nicht auszuschließen. Man kann nie genau wissen, welche Kompetenzen ein konkreter Mensch hat, auch wenn er sich kaum zeigt.

Die folgende Tabelle weist exemplarisch darauf hin, wie bezogen auf das Themenfeld Energie und den Inhalt ›Energieumwandlung‹ Lernangebote auf den unterschiedlichen Aneignungsniveaus gestaltet werden können, sodass sich – auch – Menschen mit hohem Hilfebedarf damit auseinandersetzen und sich dabei bilden können.

Aneignungsniveau	Mechanische Energie	Elektrische Energie
Basal-perzeptiv	Bewegungseffekte körpernah erleben, indem man sich selbst bewegt oder bewegt wird; Bewegungseffekte körperfern durch Zusehen erleben; durch Eigenbewegung Gegenstände bewegen	Optische Leuchteffekte wahrnehmen, die mit Strom erzeugt werden
Konkret-gegenständlich	Gegenstände, z.B. ein Fahrrad, werden mit Muskelkraft in Bewegung gebracht	Strom anschalten / ausschalten; Bestandteile eines Stromkreises wie Kabel, Schalter, Birne zeigen und zusammenbauen; Stromkreis schließen und den Effekt erleben
Anschaulich	Bewegungswege, beispielsweise zurückgelegte Fahrwege, bildlich verdeutlichen	zweidimensionales Modell eines einfachen Stromkreises zeigen, zeichnen, kleben
Abstrakt-begrifflich	Bewegungen messen; Geschwindigkeiten berechnen	Fachbegriffe eines Stromkreises benennen, zuordnen, schreiben

Tab. 1: Bildung beim Thema Energie auf verschiedenen Aneignungsniveaus

Das Beispiel verdeutlicht, dass ein anspruchsvoller Physikunterricht im Rahmen der beruflichen Bildung von Menschen mit schwerer Behinderung grundsätzlich möglich ist.

Bildungsangebote

Welche Qualifikationen sind für berufliche Bildung von Menschen mit hohem Hilfebedarf wichtig?

Was folgt daraus für die Personen, die im Bereich der beruflichen Bildung für Menschen mit schwerer und mehrfacher Behinderung gebraucht werden? Welche Kompetenzen, welche Qualifikationen sind nötig?

Man muss wissen, wie man Arbeitsprozesse gestaltet, Vorrichtungen dafür gestaltet und wie man Fertigkeiten vermittelt. Pädagogische und didaktische Fähigkeiten sind hier ebenso gefragt wie technische. Pflege, Ernährung, Physio- und Ergotherapie, medizinisch-organische Kenntnisse, psychiatrisches und psychotherapeutisches Know-how oder eine Qualifikation zur Förderung der Kommunikation werden gebraucht. Menschen mit hohem Hilfebedarf brauchen das, weil bei ihnen Schlüsselqualifikationen wie Kommunikation, Sorge für das körperliche Wohlbefinden und der Umgang mit Belastungen oder Problemen nicht ›selbstverständlich‹ vorausgesetzt werden können. Sie sind angewiesen auf uns, auf unsere Wahrnehmung, unser Wissen, Können und Engagement in Bezug auf ihr ganzes, auf ihr bio-, psycho- und soziales Menschsein.

Wer ›schafft‹ das, wer ermöglicht das alles den Menschen? Die bisherige Entwicklung der Förder- und Betreuungsbereiche (FuBs) hat gezeigt, dass es sinnvoll ist, dass das nicht eine/r alleine tut und kann. Sehr vielfältig sind die Professionen, die in den FuBs beschäftigt sind. Dabei dominieren (nach Lamers 2008; Lamers/Terfloth 2007, Lamers u.a. 2008; Klauß 2008) die Heilerziehungspfleger/Heilerzieher/innen, die in fast allen (92%) der FuBs beschäftigt werden und die Erzieher/innen (64%). Dann folgen bereits Personen ohne spezifische Ausbildung: 62% der FuBs beschäftigen Zivildienstleistende und junge Menschen im Freiwilligen Sozialen Jahr (im Schnitt jeweils 3,6), und ein Drittel (32%) ebenso viele Personen (3,7 im Schnitt) ohne spezifische Ausbildung, z.B. in 400 Euro-Jobs. Häufig arbeiten auch Therapeut/inn/en in FuBs (42% mit durchschnittlich 2,5 Stellen) und Krankenschwestern/pfleger (39% je 2 Stellen). Danach rangieren Heil- und Sozialpädagog/inn/en sowie Altenpfleger/innen, die in weniger als einem Drittel der FuBs zu finden sind.

Professionen	Zahl der FuBs, die diese Professionen beschäftigen	Durchschnittliche Stellen dieser Profession
Heilerziehungspfleger/Heilerzieher/innen	121	5,3
Erzieher/innen	85	3,9
Zivildienstleistende / Freiwilliges Soziales Jahr	82	3,6
Krankenschwester/-pfleger	56	2,5
Therapeut/inn/en	52	2,1
Sozialpädagogen/Sozialarbeiter/innen mit Fachhochschul- oder Universitätsabschluss	46	1,6
Arbeitserzieher/innen	45	1,9
Personen ohne spezifische Ausbildung (z.b. 400€-Jobs)	45	3,7
Heilpädagog/inn/en mit Fachschulabschluss	42	1,7
Jahrespraktikant/inn/en im Anerkennungsjahr	36	1,5
Altenpfleger/innen	36	2,1
Heilpädagog/inn/en mit Fachhochschul- oder Universitätsabschluss	19	1,1
Diplompädagog/inn/en mit Fachhochschul- oder Universitätsabschluss	18	1,1
Sozialpädagogen/Sozialarbeiter/innen mit Fachschulabschluss	9	1,0
Andere	76	3,1

Tab. 2: Wie viele Mitarbeiter/innen arbeiten zurzeit in diesem Bereich (vorhandene Stellen?) (FuB Leiter/innen N=131)

Es werden also tatsächlich Personen mit ganz unterschiedlichen Qualifikationen eingesetzt. Welche Chancen ergeben sich daraus, und welche Herausforderungen folgen auch daraus, dass hier so viele Professionen mit ihren unterschiedlichen Sichtweisen zusammenwirken?

Entsprechend vielfältig ist das breite Angebotsspektrum in den FuBs:
- Bewegung, Selbstständigkeit, Entspannung und Kommunikationsförderung gibt es am häufigsten (<93%)
- Auch Gemeinschaftsaktivitäten, Wahrnehmungsförderung und kreative Angebote gibt es bei mehr als 90% der FuB

Die Bedeutung unterschiedlicher Professionen

Es kann sehr bereichernd, aber auch schwierig sein, wenn unterschiedlich ausgebildete Menschen zusammenarbeiten. Was dem einen auffällt, das sieht der andere überhaupt nicht. Was die eine vorschlägt, leuchtet dem anderen gar nicht ein. Was beispielsweise Pflegekräften wichtig erscheint, das halten die Pädagogen für nachrangig, und der Therapeutin stehen die Haare zu Berge, wie wenig alle anderen auf eine gute Sitzposition und Beweglichkeit achten. Manchmal kracht es deshalb im Team, oder es geht gar nichts gemeinsam. Woher kommt das, und weshalb ist das Zusammenwirken verschiedener Professionen dennoch sinnvoll?

Man kann es auf einen einfachen Nenner bringen: Viele Augen sehen Unterschiedliches, viele Hände können Verschiedenes, und damit mehr und besser. Das setzt aber voraus, dass sie ihr ›Sehen‹, Wissen und Können zusammenführen.

Menschen haben unterschiedliche Vorstellungen von dem, was einen Menschen ausmacht, was ihn charakterisiert. Das zeigt sich auch, wenn es um die Teilhabe von Personen geht, die wir geistig oder gar schwer(st) behindert nennen. Dieses Bild vom anderen Menschen hängt nicht zuletzt von dem ab, was man gelernt hat, von der eigenen Profession.

In der bereits genannten Erhebung haben wir auch untersucht, welches ›Bild‹ Lehrer/innen, Therapeut/inn/en, Pflegekräfte, Schulleiter/innen und Eltern von Menschen mit schwerer und mehrfacher Behinderung haben. Am auffälligsten sind die Unterschiede bezüglich der Nennung positiver Eigenschaften. Bei den Eltern ist dies der am häufigsten zuerst genannte Aspekt (42%), während die Pflegekräfte die positiven Eigenschaften nur zu 5% als Erstes angeben. Die Therapeut/inn/en rangieren hier mit 12%, die Sonderschul- und Fachlehrer/innen ähneln sich und liegen genau im Durchschnitt aller (20% - 22%). Eltern nennen demgegenüber am seltensten zuerst diagnostische Aspekte (31%), während Therapeut/inn/en und Pflegekräfte dies häufiger tun (über 40%). Auch Defizite werden von den Eltern (6,2%) am seltensten (als Erstes) genannt, von den Pflegekräften und Therapeut/inn/en am häufigsten (17,4%/ 13,6%).

Wie kommen solche tendenziell unterschiedlichen Sichtweisen zustande? Wie kommt es, dass Eltern vor allem positive Eigenschaften ihrer Kinder nennen, wenn sie diese beschreiben, aber seltener als Pädagog/inn/en, Therapeut/inn/en und Pflegekräfte ihre Defizite, ihre Diagnose etc.? Warum sprechen die Pädagog/inn/en (Fach- und Sonderschullehrer/innen) häufiger als die anderen Professionen über Kompetenzen und Verhaltensauffälligkeiten? Diese und andere Ergebnisse sprechen dafür, dass jede Profession die Menschen mit schwerer/mehrfacher Behinderung vor dem Hintergrund und aus der Perspektive der eigenen Stärken sowie der mit der eigenen Rolle verknüpften Kompetenzen sieht.

Worin liegen die besonderen Stärken von Eltern, Pädagog/inn/en etc.? Die Stärke der Eltern ist es, ihr Kind zu lieben, so wie es ist, und es als solches positiv zu sehen. Sie geben ihm emotionalen Rückhalt und beachten vor allem seinen Bedarf an Hilfe und Unterstützung. Pädagog/inn/en geht es mehr als ihnen um Kompetenzen und auch um besonderes Verhalten, das zur pädagogischen Antwort herausfordert. Therapeut/inn/en und auch Pflegekräfte haben besondere Kenntnisse in Bezug auf die Beeinträchtigungen der Menschen, und sie achten dementsprechend besonders auf die Aspekte, die hier mit dem Begriff der ›Diagnose‹ zusammengefasst sind. Und welche Stärken haben unausgebildete Mitarbeiter/innen? Vielleicht, dass sie den Menschen unvoreingenommen begegnen können?

Auch bei der Erhebung zur Einschätzung des Unterstützungsbedarfs zeigen sich bei verschiedenen Professionen unterschiedliche Tendenzen in Bezug auf das, was für die Menschen mit hohem Hilfebedarf vorrangig wichtig ist. Solche Unterschiede lassen sich in Zusammenhang bringen mit der eigenen Lebens- bzw. Arbeitssituation, aber auch mit Qualifikationen.

Wie gelingen Interprofessionalität und Interdisziplinarität?

Wenn man weiß, dass Menschen Unterschiedliches brauchen, beispielsweise Angebote in Bezug auf verschiedene Fähigkeits- und Lebensbereiche, dann stößt man schnell an Grenzen. Man braucht Kolleginnen und Kollegen, die sich in ihrem Fachgebiet gut auskennen. Die eine Kollegin weiß, wie man Wunden versorgt und Gesundheit ermöglicht, der andere kennt sich mit den vielen Möglichkeiten der Unterstützten Kommunikation aus, die dritte hat vor allem gelernt, wie Arbeitsabläufe so gestaltet werden können, dass auch Menschen mit schwerster Behinderung sich als produktiv erleben können, während die vierte das Stehbrett so einrichten kann, dass diese Teilhabe auch über einige Zeit hinweg möglich ist.

Nun könnte man das einfach arbeitsteilig machen: Eine Pädagogin übernimmt die Arbeitsanbahnung, fünf Minuten kommt eine Physiotherapeutin fürs Stehbrett und zehn Minuten jemand vom ambulanten Pflegedienst für den Windelwechsel. Dabei entsteht dann etwas, worüber Eltern nach einem Text von Seifert berichten können:

»Pflegerische Tätigkeiten nehmen im Schulalltag einen breiten Raum ein. Sie werden von einigen Lehrern teilweise oder ganz an andere Personen delegiert, überwiegend an Zivis, aber auch an Krankenschwestern« (Seifert 2003, 223).

Eine Mutter, deren Tochter eine Schule für Geistigbehinderte besucht, berichtet: »Der Lehrer in der Klasse hat zum Beispiel noch kein einziges Mal mein Kind gefüttert. [...] Da gibt es also Personen, die für diese niederen Arbeiten zuständig sind, und dann gibt es Personen, die sind für die höheren Arbeiten zuständig. [...] Aber ich bin ja dankbar, dass sie meine Tochter noch genommen haben. Darum hab ich nichts gesagt. Aber ich find's absolut unmöglich.« (ebd.)

Diese Beispiele belegen, dass die Chancen, die sich aus der Vielfalt verschiedener Professionen ergeben, nicht immer genutzt werden. Manchmal hat man eher den Eindruck, die verschiedenen Fachleute zerlegten die Menschen in ihre unterschiedlichen Bedarfe und kümmerten sich nur um einen Teilaspekt. Das tut jedoch weder den Teammitgliedern noch den so begleiteten Menschen gut. Was ist demgegenüber effiziente Teamarbeit? Es ist eine Kooperation, bei der

- viele Professionen in ihrem Fachgebiet gut Bescheid wissen,
- dieses arbeitsteilig in einen gemeinsamen Prozess einbringen,
- der von gemeinsamen Zielen gesteuert wird,
- bei dem ein Kompetenztransfer stattfindet, sodass
- nicht jeder dasselbe tut, aber alles aufeinander und vor allem auf gemeinsame Ziele bezogen ist.

Teamkooperation orientiert sich am individuellen Bedarf und den Entwicklungsmöglichkeiten der begleiteten Menschen

Es gibt Teams, die sich vor allem dann zum Gespräch treffen, wenn ›etwas anliegt‹, also ein Problem auftritt, beispielsweise auffälliges Verhalten, oder auch Absprachen zur Pflege nötig sind. Es ist anzunehmen, dass sie dann auch vor allem versuchen, aktuelle Probleme zu lösen. Sie verhalten sich wie ›Reparaturbetriebe‹, die nur in Aktion treten, wenn es einen Schaden gibt. Andere befassen sich in regelmäßigen Treffen damit, wie sie jedem von ihnen begleiteten Menschen zu seinem Recht auf gute Pflege ebenso verhelfen können wie zu dem auf sinnvolle Beschäftigung und Bildung. Sie verhalten sich zukunftsorientiert, beraten vor allem über Kompetenzen und Entwicklungschancen sowie darüber, wie sie jeden Einzelnen individuell und in der Gemeinschaft fördern oder begleiten können.

Eine perspektivische, auf Entwicklung und Förderung angelegte Teamarbeit, braucht günstige Rahmenbedingungen. Teams müssen sich oft genug treffen können, Zeit haben und alle ›wichtigen‹ Personen müssen beteiligt sein. In den FuBs scheinen die äußeren Bedingungen dafür ganz gut zu sein. Offenbar sind in der Regel feste Zeiten im Deputat der Mitarbeiter/innen vorgesehen, die sie für Vorbereitungen, Teambesprechungen etc. nutzen können und sollen. Nach den Ergebnissen der Erhebung SITAS (Lamers 2008; Lamers/Terfloth 2007, Lamers u.a. 2008; Klauß 2008) stehen dafür durchschnittlich zwei Stunden wöchentlich zur Verfügung, bei einer Variation zwischen einer und fünf Stunden.

Auch die Orientierung der gemeinsamen Arbeit an der Entwicklung und Förderung der behinderten Menschen scheint eine klare Vorgabe zu sein. Schriftliche Förderplanungen (96%) und schriftliche Entwicklungsdokumentationen (92%) gehören zu den fast überall selbstverständlichen Maßnahmen zur Sicherung der Qualität. Zu fragen ist natürlich, inwieweit diese Möglichkeiten immer genutzt werden. Zumindest scheinen sich die Leitungen nicht überall gleichermaßen dafür zu interessieren. Eine regelmäßige Vorlage der Förderplanung und Dokumentationen bei der Leitung erfolgt nur in der Hälfte der FuBs (51%).

Förderplanungen und Dokumentation	Prozent
Es werden Förderplanungen schriftlich erstellt.	96,2%
Es werden Entwicklungsdokumentationen geschrieben.	91,7%
Es müssen Planungen und/oder Dokumentationen nach einem vorgegebenen Muster schriftlich erstellt werden.	90,2%
Die Förderplanungen und Dokumentationen über die geleistete Förderung sind mir regelmäßig vorzulegen.	51,5%
Es müssen Planungen und/oder Dokumentationen erstellt werden, die schriftliche Form und der Umfang können jedoch in den Gruppen festgelegt werden.	9,8%

Tab. 3: »*Inwiefern gibt es für Ihre Mitarbeiter verbindliche Regelungen für das Verfassen von Förderplanungen und Entwicklungsdokumentationen?*« *(Mehrfachnennungen) (FuB Leiter/innen, N=132)*

Schluss

Menschen mit schweren und mehrfachen Behinderungen weisen uns darauf hin, dass sie – wie alle anderen auch – soziale, emotionale, wahrnehmende, denkende und auch körperliche Wesen sind. Ihre Bildung kann nur gelingen, wenn die Pädagogik das beachtet. Das gilt auch für die Bildung, die sie benötigen, um ihr Recht auf Arbeit und sinnvolle Beschäftigung einlösen zu können, das die UN-Konvention ihnen zusichert. Dies erfordert den Einsatz verschiedener Professionen und die Planung sowie Koordination der gemeinsamen Arbeit. Kompetenzen über die Gestaltung von Bildungsprozessen sind dabei ebenso relevant wie solche im Bereich der Pflege und Alltagsgestaltung, unterschiedlicher therapeutischer Ansätze u.a.m. Die unterschiedliche Ausgangslage der Teammitglieder macht regelmäßige Teamgespräche erforderlich, in denen Kenntnisse ausgetauscht oder über Sichtweisen und mögliche Vorgehensweisen sachlich diskutiert wird (vgl. Klauß 2001). Hier sollten Absprachen stattfinden, wie auf der Grundlage biografischer und diagnostischer Erkenntnisse geeignete Vorgehensweisen für die gemeinsame Arbeit geplant, realisiert und reflektiert werden können. Geplante und regelmäßige Teamgespräche sind für eine interdisziplinär orientierte pädagogische Arbeit unerlässlich.

Literatur

Goffman, E. (1973): Asyle. Frankfurt.
Jantzen, W. (2003): Natur, Psyche und Gesellschaft im heilpädagogischen Feld. In: Zeitschrift für Heilpädagogik 2, 59-66.
Kristen, U. (1994): Praxis Unterstützte Kommunikation. Düsseldorf.
Klafki, W. (1996): Neue Studien zur Bildungstheorie und Didaktik: zeitgemäße Allgemeinbildung und kritisch-konstruktive Didaktik. Weinheim/ Basel, 5. Aufl.
Klauß, Th. (1995): Irgendwann kommt die Trennung. In: Zeitschrift für Heilpädagogik 46, 9, 443-450.
Klauß, Th. (1998): Gesprächsführung als sonderpädagogische Basiskompetenz. In: Geistige Behinderung 3, 262-286.
Klauß, Th. (2001): Das GBM-Handbuch zum EDV-gestützten Verfahren zur Gestaltung der Betreuung von Menschen mit Behinderungen. Hrsg. von Klauß, Th./Schumm, H./Bundesverband Evangelische Behindertenhilfe (BEB). Reutlingen.
Klauß, Th. (2003a): Bildung und Arbeit für alle. Schule, Tagesstruktur und Werkstatt für Menschen mit schwerer und mehrfacher Behinderung. In: Zur Orientierung 4, 14-16.

Klauß, Th. (2003c): Bildung im Spannungsverhältnis von Pflege und Pädagogik. In: Kane, J.F./Klauß, Th. (Hg.): Die Bedeutung ihres Körpers für Menschen mit geistiger Behinderung – Zwischen Pflege und Selbstverletzung. Heidelberg, 39-64.

Klauß, Th. (2005): Arbeit als Wert für Menschen mit Behinderung – ohne Arbeit wertlos? In: Evangelisches Diakoniewerk Gallneukirchen (Hg.): Arbeitswelten von Menschen mit Behinderung. 32. Martinsstift-Symposion 2004. Gallneukirchen, 13-31.

Klauß, Th. (2006): Menschen mit schweren Behinderungen im Spannungsfeld unterschiedlicher Interessen. In: Geistige Behinderung 45, 1, 3-18.

Klauß, Th. (2008): Teilhabe oder Ausschluss? Die Bedeutung sinnvoller Tätigkeit für Menschen mit hohem Hilfebedarf. Beitrag beim Werkstättentag 2008 in Bremen.

Klauß, Th./ Lamers, W. (2003): Alle Kinder alles lehren ... brauchen sie wirklich alle Bildung? In: Klauß, Th./Lamers, W. (Hg.): Alle Kinder alles lehren ... Grundlagen der Pädagogik für Menschen mit schwerer und mehrfacher Behinderung. Heidelberger Texte zur Pädagogik für Menschen mit geistiger Behinderung, Band 3. Heidelberg: Universitätsverlag Winter - Edition S., 13-28.

Klauß, Th., Lamers, W. & Janz, F. (2006): Die Teilhabe von Kindern mit schwerer und mehrfacher Behinderung an der schulischen Bildung – eine empirische Erhebung. Ergebnisse aus dem Forschungsprojekt zur »Bildungsrealität von Kindern und Jugendlichen mit schwerer und mehrfacher Behinderung in Baden-Württemberg (BiSB)« Teil I – Fragebogenerhebung. URL: http://archiv.ub.uni-heidelberg.de/volltextserver/volltexte/2006/6790/.

Lamers, W. (2007): SITAS Projektantrag. PH Heidelberg, unveröff.

Lamers, W./Terfloth, K. (2008): Sinnvolle produktive Tätigkeit für Menschen mit schwerer Behinderung zur Partizipation am sozialen und kulturellen Leben. Vortrag auf der Tagung »Teilhabe Selbstbestimmung Integration für Menschen mit schwerer und mehrfacher Behinderung« am 05.03.2008 in Herrenberg-Gültstein. Lebenshilfe BW, LAG WfbM, Arbeitskreis Förder- und Betreuungsgruppen Tagesfördergruppen (AFB). Unveröff.

Lamers, W.; Terfloth, K. & Prokop, I. (2008): Tätigkeit – Produktivität – Arbeit? Nachschulische Angebote für Menschen mit schwerer und mehrfacher Behinderung.

Nussbaum, Martha C. (2002): Aristotelische Sozialdemokratie: Die Verteidigung universaler Werte in einer pluralistischen Welt. Ein Vortrag für das Kulturforum der Sozialdemokratie, Willy-Brandt-Haus Berlin, 1. Februar 2002 (Aus dem Englischen von Sander W. Wilkens, Berlin). http://www.kulturforen.de/servlet/PB/menu/1165334/.

Schwager, H. J. (1988): Menschen mit schwersten Behinderungen. Eine Herausforderung für Werkstätten der Diakonie. In: Zur Orientierung 1, 30-33.

Seifert, M. (2003): Schule und Elternhaus – zwei verschiedene Wirklichkeiten. Erfahrungen von Eltern schwerbehinderter Kinder. In: Klauß, Th. & Lamers, W. (Hg.): Alle Kinder alles lehren ... Grundlagen der Pädagogik für Menschen mit schwerer und mehrfacher Behinderung. Heidelberger Texte zur Pädagogik für Menschen mit geistiger Behinderung, Band 3. Heidelberg: Universitätsverlag Winter - Edition S., 223 ff.

UNO (2007): Übereinkommen über die Rechte von Menschen mit Behinderungen. Deutsche Arbeitsübersetzung.

Arbeit für Menschen mit schweren und mehrfachen Behinderungen –
Was der Gesetzgeber vorsieht und welche sozialpolitischen Perspektiven existieren

Sebastian Tenbergen

I. Einleitung

Wenn über Menschen mit Behinderungen gesprochen wird, haben viele Bilder von Einschränkungen, Beeinträchtigungen und Hilfebedürftigkeit im Kopf. Parallel zur allgemeinen Verbreitung eines Körper- und Gesundheitskultes wird eine Behinderung vielfach als »außerhalb der Norm liegend« und als Mangel an individuellen Lebensgestaltungsmöglichkeiten angesehen oder aber pauschal als persönliches Schicksal abgetan. Für Menschen mit Behinderungen ist es – wie für alle anderen Menschen auch – von großer Bedeutung, sich selbstständig durch eine eigene Erwerbstätigkeit ihren Lebensunterhalt zu sichern oder zumindest durch eine eigene Erwerbstätigkeit zum Lebensunterhalt mit beitragen zu können (vgl. Arbeit-Orientierungshilfe 2007). Dabei darf auch nicht übersehen werden, dass sich neben dem finanziellen Problem einer Arbeitslosigkeit ganz greifbar menschliche Probleme jedes einzelnen von Arbeitslosigkeit Betroffenen und dessen Familie durch diese Situation ergeben. Die Sozialforschung kommt zu dem Ergebnis, dass von Arbeitslosigkeit betroffene Menschen diese überwiegend destruktiv erleben. Hieraus ergeben sich häufig Folgeprobleme wie gesundheitliche Einschränkungen (Gesundheitsberichterstattung des Bundes, Heft 13: Arbeitslosigkeit und Gesundheit, Feb. 2003), Hoffnungslosigkeit, Suchterkrankungen, chronische Lethargie und eine soziale Isolation (vgl. Ruckstuhl 2000).

Gerade für behinderte Menschen wird durch eine Erwerbstätigkeit die Möglichkeit geschaffen, am gesellschaftlichen Leben teilzuhaben und dieses auch mitzugestalten. Ein beachtlicher Teil der Schwierigkeiten, die behinderte Menschen unabhängig von körperlichen, geistigen oder seelischen Einschränkungen in der Arbeitswelt erleben, resultiert dabei aus bewusster oder unbewusster Ablehnung durch nicht behinderte Mitarbeiter und Kollegen. Eine der Ursachen dafür kann in mangelnden Informationen über den jeweils anderen gesehen werden. Bestehende Vorurteile beziehen sich hierbei vor allem auf die Leistungsfähigkeit behinderter Mitarbeiter. Zwar ist es durchaus zutreffend, dass Personen mit körperlichen, geistigen oder seelischen Beeinträchtigungen nicht für alle Tätigkeiten und auf jedem Arbeitsplatz eingesetzt werden können. Jedoch wird hierbei oft übersehen, dass dies grundsätzlich auch für nicht behinderte Mitarbeiter gelten kann. Hinzu kommt, dass in sehr vielen Bereichen der heutigen Arbeitswelt eine bestehende Behinderung ausgeglichen werden kann etwa durch technische Arbeitshilfen, die überdies auch von öffentlichen Stellen gefördert werden können. Resultat dieses allgemeinen technischen Fortschritts ist es, dass Menschen mit Behinderungen heutzutage beinahe in allen Arbeitsbereichen als vollwertige Arbeitskräfte beschäftigt werden können. Darüber hinaus leisten Werkstätten für Menschen mit Behinderungen (im Folgenden: WfbM) einen wertvollen und unverzichtbaren Beitrag für die Menschen, die aufgrund ihrer behinderungsbedingten Einschränkungen nicht oder noch nicht in der Lage sind, den Anforderungen des allgemeinen Arbeitsmarktes gewachsen zu sein. Die Werkstätten ermöglichen eine adäquate Form der Teilhabe am Arbeitsleben. So sind zurzeit circa 260 000 Menschen mit Behinderung in Deutschland auf diese Unterstützungsform angewiesen.

Aber nicht nur der technische Fortschritt hat zu einer Änderung der Sichtweise behinderter Menschen auf dem Arbeitsmarkt geführt. Mit der Unterzeichnung des Übereinkommens über die Rechte von Menschen mit Behinderungen der Vereinten Nationen (im Folgenden Behinderten Rechts Konvention, abgekürzt: BRK), hat sich die Bundesrepublik Deutschland verpflichtet, den bereits vollzogenen Paradigmenwechsel in der Behindertenpolitik ein entscheidendes Stück voranzutreiben. So signalisiert die BRK nicht nur eine Abkehr von einer Behindertenpolitik, die bisher primär auf Fürsorge und Ausgleich vermeintlicher Defizite abzielte. Vielmehr verlangt die BRK eine auf Inklusion ausgerichtete Teilhabepolitik, die über die bisherigen integrativen Ansätze deutlich hinausgeht. Durch die in der BRK verankerten Rechte wird deutlich gemacht, dass die Anerkennung von Behinderung als Bestandteil menschlichen Lebens und Zusammenlebens zur Humanisierung der Gesellschaft beiträgt. In keiner internationalen Menschenrechtskonvention kommt dieser Empowerment-Ansatz so prägnant zum Tragen wie in der BRK. Bezogen auf die Arbeitswelt bedeutet dies, dass gerade für behinderte Menschen ein geeignetes System geschaffen werden muss, in dem es möglich ist, dass behinderte Menschen autonom, selbstverantwortlich und selbstbestimmt am Arbeitsleben teilnehmen können, sei es auf dem ersten Arbeitsmarkt oder in einer WfbM.

Im Folgenden soll aufgezeigt werden, welche sozialpolitischen Perspektiven der Gesetzgeber für die Arbeit für Menschen mit schweren Behinderungen vorsieht. Bevor auf die Auswirkungen der BRK und die geplante Reform der Eingliederungshilfe im Bereich der beruflichen Teilhabe eingegangen wird, soll zunächst die gegenwärtige Rechtslage im Bereich der WfbM dargestellt werden.

II. Aktuelle Rechtslage im Bereich der Werkstätten für behinderte Menschen

1. Aufgaben der Werkstatt für behinderte Menschen

Die Leistungen zur Teilhabe am Arbeitsleben sind im 5. Kapitel des SGB IX (§§ 33 – 43 SGB IX) und in § 54 SGB XII geregelt. Nach § 136 SGB IX hat die WfbM die Aufgabe, die Werkstattfähigkeit behinderter Menschen zu erproben, berufliche und persönliche Entwicklungsperspektiven zu ermitteln, berufliche Fähigkeiten und Fertigkeiten zu trainieren, geeignete Arbeit zu organisieren und die Wiedereingliederung in den allgemeinen Arbeitsmarkt zu fördern. Dabei sind aufgrund der gesetzlichen Verpflichtung gemäß § 9 Abs. 3 SGB IX Freiräume für ein selbstbestimmtes Verhalten behinderter Menschen zu schaffen. Prinzipiell lässt sich die Beschäftigung in einer Werkstatt in drei Bereiche untergliedern, nämlich das Eingangsverfahren, die Berufsbildung und den Arbeitsbereich.

a) Das Eingangsverfahren

Das Eingangsverfahren dient dazu, die Werkstattfähigkeit einer Person festzustellen und individuell geeignete Rehabilitationsmaßnahmen auszutesten (§§ 102 Abs. 2 Nr. 1 SGB III, 18 S. 1 Nr. 1 SGB IV, 37 Nr. 2 SGB VII, 40 Abs. 2 SGB IX). Das Eingangsverfahren dauert grundsätzlich drei Monate, kann aber auch verkürzt werden.

Hinsichtlich der Rechtsstellung behinderter Menschen im Eingangsverfahren muss unterschieden werden. Zum einen besteht im Eingangsverfahren ein sozialrechtlich gestaltetes Rechtsverhältnis zu den Reha-Trägern. Im Gegensatz dazu ist das Rechtsverhältnis gegenüber der Werkstatt privatrechtlich ausgestaltet (§§ 183 Abs. 4, 36 SGB IX). Besteht daher während der Eingangsphase mit dem Werkstatträger ein Streit über die Rechte und Pflichten in der Werkstatt beschäftigter behinderter Menschen, sind die Zivilgerichte zuständig. Bei Streitigkeiten mit dem Reha-Träger kommt hingegen Sozialversicherungs- oder Verwaltungsrecht zur Anwendung, für das Sozial- oder Verwaltungsgerichte zuständig sind.

Der Status behinderter Menschen im Eingangsverfahren und im Berufsbildungsbereich der Werkstatt ist weder als Arbeitnehmer im Sinne des Betriebsverfassungsgesetzes, noch als arbeitnehmerähnliche Personen ausgestaltet (vgl. Neumann/Pahlen/Majerski, Kommentar zum SGB XI, § 138 SGB XI, Rd. 8). Arbeitsrechtliche Normen und Prinzipien sind daher auf diesen Personenkreis nur in einem sehr eingeschränkten Umfang anwendbar, der Abschluss von Tarifverträgen hingegen scheidet komplett aus.

b) Der Berufsbildungsbereich
Die Berufsbildung dauert bis zu zwei Jahre, sie schließt sich unmittelbar an das Eingangsverfahren an. Zweck der Berufsbildung ist es, handwerkliche und persönliche Fähigkeiten auszubilden, wie beispielsweise Konzentrationsvermögen, Selbstwertgefühl und Selbstvertrauen (§§ 102 Abs. 2 Nr. 2 SGB III, 18 S. 1 Nr. 2 SGB IV, 37 Abs. 2 SGB VII, 40 Abs. 3 SGB IX). Das Rechtsverhältnis behinderter Menschen im Verhältnis zur Werkstatt und dem Reha-Träger ist im Berufsbildungsbereich ähnlich ausgestaltet wie im Eingangsverfahren.

c) Der Arbeitsbereich
Der Arbeitsbereich dient vor allem dazu, die Beschäftigung behinderter Menschen zu sichern und die in der Berufsbildungsphase entwickelten Fähigkeiten zu erhalten, auszubauen und den Übergang in den allgemeinen Arbeitsmarkt zu fördern (§ 41 SGB IX).

§ 138 Abs. 1 SGB IX definiert das Rechtsverhältnis behinderter Menschen im Arbeitsbereich der Werkstatt grundsätzlich als ein arbeitnehmerähnliches Rechtsverhältnis. Eine Ausnahme besteht nur dann, wenn ein echtes Arbeitsverhältnis vorliegt. Ein solches echtes Arbeitsverhältnis zwischen der Werkstatt und behinderten Menschen ist gegeben, wenn der behinderte Mensch in persönlicher Abhängigkeit eine lohnäquivalente Arbeit in der Werkstatt verrichtet. Auf die Höhe der Vergütung kommt es dabei nicht an. Eine Abgrenzung lässt sich im Einzelfall danach vornehmen, ob mit der Beschäftigung ein wahrnehmbares wirtschaftliches Ergebnis angestrebt wird oder ob therapeutische Überlegungen im Vordergrund stehen (vgl. Neumann/Pahlen/Majerski, Kommentar zum SGB XI, § 138 SGB XI, Rd. 11). Ist Letzteres der Fall, gewährt § 138 Abs. 1 SGB IX dem Menschen mit Behinderung den Status einer arbeitnehmerähnlichen Person. Hierbei handelt es sich um solche Personen, die wirtschaftlich abhängig und vergleichbar mit einem Arbeitnehmer sozial schutzbedürftig sind. Die im Arbeitsbereich beschäftigten behinderten Menschen sollen so in den Genuss arbeitsrechtlicher Schutzvorschriften gelangen, allerdings ohne dass im Gesetz konkrete Regelungen enthalten sind. Nach der Gesetzesbegründung sind aber die arbeitsrechtlichen Vorschriften über Arbeitszeit, Urlaub, Entgeltfortzahlung im Krankheitsfall und an Feiertagen, Erziehungsurlaub, Mutter- und Persönlichkeitsschutz sowie Haftungsbeschränkungen anwendbar, wobei diese Aufzählung nicht abschließend ist. Diese Schutzbestimmungen müssen in den Werkstattvertrag einfließen, der gemäß § 138 Abs. 3 SGB IX im Wesentlichen den Inhalt des arbeitnehmerähnlichen Rechtsverhältnisses bestimmt. Eine Kündigung des arbeitnehmerähnlichen Rechtsverhältnisses ist grundsätzlich nur dann zulässig, wenn die Werkstattfähigkeit des behinderten Menschen im Sinne von § 136 Abs. 2 SGB XI in Verbindung mit der Werkstättenverordnung entfällt. Dabei sind besondere Verfahren und Formalitäten zu beachten (vgl. § 4 Abs. 6 WVO in Verbindung mit dem Werkstattvertrag), wobei abweichende Regelungen auch individualvertraglich vereinbart werden können. Aufgrund des bestehenden Arbeitsvertrages im Arbeitsbereich ändert sich die gerichtliche Zuständigkeit im Falle von Streitigkeiten. Bei einem Streit über die Höhe der Vergütung, Entgeltfortzahlung, Urlaub etc. sind im Gegensatz zum Eingangsverfahren und zum Berufsbildungsbereich die Arbeitsgerichte zuständig, wenn der behinderte Mensch im Arbeitsbereich tätig ist (vgl. § 2 Nr. 10 ArbGG).

2. Anspruch des behinderten Menschen auf Aufnahme in die Werkstatt

Grundsätzlich haben alle behinderten Menschen nach § 31 SGB IX einen Anspruch auf einen Platz in einer WfbM, wenn sie aufgrund der eigenen Art oder Schwere der Behinderung auf dem allgemeinen Arbeitsmarkt nicht unterkommen können. Ebenfalls kann aus diesem Recht der Anspruch auf die Finanzierung einer besonders personalintensiven Betreuung abgeleitet werden, soweit eine solche erforderlich ist. Die Aufnahme in die Werkstatt ist von den folgenden Voraussetzungen abhängig:

a) Werkstattfähigkeit

Für die Aufnahme in eine Werkstatt für behinderte Menschen muss die sogenannte Werkstattfähigkeit des behinderten Menschen im Sinne des § 136 Abs. 2 SGB IX gegeben sein. Zuständig für die Beurteilung und Erstellung der Prognose, ob im konkreten Einzelfall die Werkstattfähigkeit vorliegt oder nicht, ist gemäß § 2 WVO der Fachausschuss. Nach Abschluss des Eingangsverfahrens bzw. des Berufsbildungsbereiches gibt dieser nach Anhörung des behinderten Menschen unter Würdigung aller Umstände des Einzelfalles eine Stellungnahme darüber ab, ob und inwieweit eine weitere Förderung möglich und sinnvoll ist. Die Stellungnahme des Fachausschusses stellt allerdings keine bindende Entscheidung dar, sondern vielmehr die Äußerung einer fachkundigen Stelle, die durch andere Sachverständigenaussagen relativiert oder widerlegt werden kann. Eine Werkstattfähigkeit ist gegeben, wenn zu erwarten ist, dass der von Behinderung betroffene Mensch spätestens nach der Teilnahme an Maßnahmen im Berufsbildungsbereich wenigstens ein Mindestmaß wirtschaftlich verwertbarer Arbeitsleistung erbringen wird. Dieses »Mindestmaß« liegt vor, wenn das Ergebnis der Arbeitsleistung des Einzelnen für die Werkstatt wirtschaftlich verwertbar ist bzw. das Gesamtergebnis der Werkstatt bereichert. Ein Minimum an Arbeitsleistung reicht hierzu aus (vgl. Urteile des BSG vom 07.12.1983, Az.: 7 Rar 73/82 und vom 29.06.1995, Az.: 11 Rar 57/94). Nicht entscheidend für diese Einstufung ist hingegen, dass der Einzelne einen höheren Grad an Arbeitsleistung und Wirtschaftlichkeit erbringt als die übrigen Beschäftigten in der konkreten WfbM. Eine betriebswirtschaftliche Kalkulation des Verhältnisses Arbeitsergebnis zu Personalaufwand darf bei der Einschätzung gerade nicht erfolgen. Ausreichend für die Beurteilung der Wirtschaftlichkeit ist eine positive Prognose, dass die Voraussetzung der wirtschaftlichen Arbeitsleistung nach Abschluss des Berufsbildungsbereiches voraussichtlich gegeben sein wird. Die Voraussetzung der »Werkstattfähigkeit« muss daher bei der Aufnahme in die Werkstatt für behinderte Menschen noch nicht gegeben sein, aber im Berufsbildungsbereich voraussichtlich erreicht werden können.

b) Keine erhebliche Selbst- oder Fremdgefährdung und kein hohes Ausmaß an erforderlicher Betreuung
Neben der Voraussetzung der Werkstattfähigkeit wird der generell bestehende Anspruch des behinderten Menschen auf Zugang zur Werkstatt durch die Vorschrift des § 136 Abs. 2 S. 2 SGB IX begrenzt. Hiernach kann die Aufnahme in eine WfbM versagt werden, wenn trotz einer der Behinderung angemessenen Betreuung eine erhebliche Selbst- oder Fremdgefährdung zu erwarten ist oder wenn das Ausmaß der erforderlichen Betreuung und Pflege die Teilnahme an Maßnahmen im Berufsbildungsbereich oder sonstige Umstände ein Mindestmaß wirtschaftlich verwertbarer Arbeitsleistung im Arbeitsbereich dauerhaft nicht zulassen. Die Annahme eines solchen übermäßigen Betreuungsaufwandes kommt in den Fällen in Betracht, wenn mehr als 50% der Anwesenheitszeit des behinderten Menschen für Pflegeleistungen verwendet werden muss (vgl. Beck-Online Kommentar, § 136 SGB IX, Rd. 8). Zu beachten ist aber, dass beide Tatbestände als Ausnahmen juristisch sehr eng auszulegen sind (vgl. Plagemann, Münchener Anwaltshandbuch Sozialrecht, § 31, Rd. 93).

c) Altersgrenze
Darüber hinaus besteht für die Aufnahme in eine Werkstatt auch eine Al-

Gesetze und sozialpolitische Perspektiven

tersgrenze in Gestalt der allgemeinen Rentenalterseintrittsgrenze. Allerdings dürfen die Sozialhilfeträger nicht jegliche Integrationshilfe für über 65-jährige behinderte Menschen ablehnen. Die Instanzgerichte verlangen vom Sozialhilfeträger ein Konzept der sozialen Betreuung, welches über »tagesstrukturierende Maßnahmen« im Altersheim hinausgeht (vgl. Beschluss des LSG Sachsen-Anhalt vom 24.08.2005, Az.: L 8 B 2/05 ER).

3. Vergütung für die Arbeit in einer WfbM im Arbeitsbereich

Wie die Arbeit in einer Werkstatt für behinderte Menschen im Arbeitsbereich zu vergüten ist, regelt § 138 Abs. 2 SGB IX. Sowohl die im Berufsbildungsbereich tätigen behinderten Menschen, als auch die Personen, die im Rahmen von Maßnahmen zur beruflichen Rehabilitation einer Beschäftigung nachgehen, haben keinen Anspruch auf ein Arbeitsentgelt (vgl. Neumann/Pahlen/Majerski, Kommentar zum SGB XI, § 138 SGB XI, Rd. 25). Für diesen Personenkreis besteht aber ein Anspruch auf Rehabilitationsleistungen (Ausbildungsgeld, ggf. auch Übergangsgeld), die im Berufsbildungsbereich Beschäftigten haben darüber hinaus zumeist auch einen Anspruch auf Leistungen der Sozialhilfe. Die konkrete Höhe des Arbeitsentgeltes für die im Arbeitsbereich der Werkstatt Beschäftigten wird gesetzlich nicht bestimmt. § 138 Abs. 2 SGB IX regelt nur, dass im Arbeitsbereich der Werkstatt beschäftigte behinderte Menschen einen Anspruch auf eine Grundvergütung haben, die unabhängig von der Arbeitsleistung zu gewähren ist. Diese Grundvergütung ist je nach erbrachter Arbeitsleistung aufzustocken (sogenannter Steigerungsbetrag). Die Höhe der Grundvergütung ist an die Höhe des Ausbildungsgeldes nach § 102 Abs. 1 Nr. 2, Abs. 2 SGB III in Verbindung mit § 107 SGB III gekoppelt. Danach wird der Bedarf bei Maßnahmen in einer Werkstatt für behinderte Menschen im ersten Jahr auf 57,00 Euro monatlich, anschließend auf 67,00 Euro monatlich festgelegt. Hierdurch soll vor allem verhindert werden, dass nach dem Bezug von Ausbildungsgeld während des Einsatzes im Berufsbildungsbereich ein Absinken unter den bisherigen Standard nach dem Wechsel in den Arbeitsbereich erfolgt (vgl. Neumann/

Pahlen/Majerski, Kommentar zum SGB XI, § 138 SGB XI, Rd. 26). Wurde hingegen zuvor im Berufsbildungsbereich ein Übergangsgeld bezogen, tritt als Folge der Tätigkeit im Arbeitsbereich regelmäßig eine Reduzierung der zufließenden finanziellen Leistungen ein. Die Höhe des über die Grundvergütung hinausgehenden ausbezahlten Steigerungsbetrages soll nach § 138 Abs. 2 S.1 SGB XI leistungsangemessen sein und sich nach der individuellen Arbeitsleistung des behinderten Menschen bemessen. Darüber hinaus ist der Steigerungsbetrag auch von den Verhältnissen in der jeweiligen Werkstatt abhängig. Nach § 138 Abs. 2 S. 1 SGB IX in Verbindung mit § 12 Abs. 4 WerkstattVO stellt das Arbeitsergebnis einer Werkstatt die Differenz aus den Erträgen und den notwendigen Kosten des laufenden Betriebes dar. Als Erträge sind hierbei Umsatzerlöse sowie Zins- und sonstige Erlöse aus der wirtschaftlichen Tätigkeit und die von den Rehabilitationsträgern erbrachten Kostensätze anzusetzen (Beck-Online Kommentar, § 138 SGB XI, Rd. 10).

4. Sozialversicherung

Die in Werkstätten beschäftigten behinderten Menschen sind grundsätzlich sozialversicherungspflichtig beschäftigt. Sind sie als (echte) Arbeitnehmer oder Auszubildende im Arbeitsbereich tätig, gelten die allgemeinen Regelungen (§ 2 Abs. 2 Nr. 2 in Verbindung mit § 7 SGB IV). Für Menschen mit Behinderungen, die arbeitnehmerähnlich in der Werkstatt beschäftigt sind, besteht eine Versicherungspflicht in der gesetzlichen Rentenversicherung (§ 1 S. 1 Nr. 2a SGB VI) und in der gesetzlichen Krankenversicherung, es sei denn es handelt sich um eine dem Bereich der Therapie zuzuordnende Maßnahme (§ 1 S. 1 Nr. 2a SGB VI). Da hinsichtlich der Mitgliedschaft in der gesetzlichen Rentenversicherung eine produktive Arbeit nicht vorausgesetzt wird, ist von der Rentenversicherungspflicht ebenfalls der Eingangs- und Berufsbildungsbereich erfasst. Behinderte Menschen im Arbeitsbereich einer Werkstatt haben allerdings keinen Anspruch auf Rehabilitationsleistungen nach dem SGB VI, wenn lediglich die Verbesserung der Leistungen in der Werkstatt angestrebt wird und nicht das Erreichen der Erwerbsfähigkeit für den allgemeinen Arbeitsmarkt (vgl. Urteil des BSG vom 23.02.2000 Az.: B RJ8/99 R). Es können aber Ansprüche nach den §§ 97 ff. SGB III in Betracht kommen, wenn die Maßnahme geeignet ist, die Werkstattfähigkeit zu erhalten.

5. Folgen fehlender Werkstattfähigkeit

Für den Fall, dass die für die Aufnahme in die Werkstatt erforderliche Werkstattfähigkeit nicht vorliegt, ist Menschen mit Behinderung der Zugang zum Arbeitsbereich der Werkstatt versagt. Gemäß § 136 Abs. 3 SGB IX ist den WfbM dann aber die Aufgabe zugewiesen, solche »werkstattunfähigen« behinderten Menschen in besonderen Gruppen oder Einrichtungen, die der Werkstatt direkt angegliedert sind, zu betreuen (sogenannte »Tagesförderstätten«). In der Praxis wird von dieser Regelung erfahrungsgemäß nur ein sehr kleiner Kreis von Menschen mit Behinderung erfasst, da zumindest in Ballungsgebieten im Regelfall häufig eine andere geeignete Einrichtung für deren Betreuung zur Verfügung steht. Die Kosten für eine Betreuung und Förderung in einer Tagesförderstätte werden in der Praxis regelmäßig durch die Sozialhilfeträger getragen. Behinderte Menschen, bei denen eine Werkstattfähigkeit nicht vorliegt, haben ebenfalls keine Ansprüche auf Leistungen der Teilhabe am Arbeitsleben im Sinne der §§ 97 ff. SGB III bzw. auf berufliche (Weiter)Bildung.

Voraussetzung für diese Leistungen ist nämlich, dass überhaupt die

Möglichkeit besteht, eine möglichst uneingeschränkte berufliche Eingliederung durch diese Maßnahmen erreichen zu können, sei es auf dem allgemeinen Arbeitsmarkt oder in einer WfbM. Ist es daher im Einzelfall aufgrund einer vorliegenden Behinderung nicht möglich, wenigstens ein Mindestmaß wirtschaftlich verwertbarer Arbeitsleistung auf einem Arbeitsplatz in der WfbM zu erbringen, scheiden Ansprüche auf berufliche Rehabilitationsleistungen aus. Die Folge einer solchen Ausgrenzung ist, dass der nicht werkstattfähige Mensch mit Behinderung aufgrund der fehlenden Gelegenheit zur beruflichen Weiterbildung keine Möglichkeit hat, einen Arbeitslohn zu erhalten. Dies führt mittelbar auch dazu, dass dieser Personenkreis nicht in den Genuss einer Erwerbsminderungsrente gelangen kann, da keine Pflichtbeiträge für eine versicherte Beschäftigung in die gesetzliche Rentenversicherung eingezahlt werden. Dies ist aber gemäß § 43 SGB VI Voraussetzung für die Bewilligung einer Erwerbsminderungsrente.

III. Anforderungen an das Handlungsfeld berufliche Teilhabe durch die BRK

Der Zugang zu qualifizierter Arbeit und Beschäftigung auf dem ersten Arbeitsmarkt für behinderte Menschen und die Förderung und Entwicklung von deren körperlichen, geistigen, sozialen und beruflichen Fähigkeiten sind auch zentrale Forderungen der BRK. So verpflichtet Art. 27 BRK die Vertragsstaaten, das gleiche Recht von Menschen mit Behinderungen auf Arbeit anzuerkennen, wobei hiervon ausdrücklich das Recht auf die Möglichkeit umfasst ist, den Lebensunterhalt durch eine Arbeit zu verdienen, die in einem offenen, integrativen und für Menschen mit Behinderung zugänglichen Arbeitsmarkt und Arbeitsumfeld frei gewählt oder angenommen wird. Die Vertragsstaaten haben dabei die Verwirklichung des Rechts auf Arbeit durch geeignete Schritte zu sichern und fördern, einschließlich des Erlasses von Rechtsvorschriften, um unter anderem eine Diskriminierung aufgrund von Behinderung in allen Angelegenheiten im Zusammenhang mit einer Beschäftigung gleich welcher

Art zu verbieten. Ziel des Art. 26 BRK ist es, behinderte Menschen so zu fördern, dass sie ihre körperlichen, geistigen, sozialen und beruflichen Fähigkeiten entwickeln können. Art. 26 BRK verpflichtet die Vertragsstaaten, wirksame und geeignete Maßnahmen zu treffen, um Menschen mit Behinderungen in die Lage zu versetzen, ein Höchstmaß an Unabhängigkeit, umfassende körperliche, geistige, soziale und berufliche Fähigkeiten sowie die volle Einbeziehung und Teilhabe in alle Aspekte des Lebens zu erreichen und zu bewahren. Zu diesem Zweck besteht die Verpflichtung der Vertragsstaaten, umfassende Habilitations- und Rehabilitationsdienste und -programme zu organisieren, zu stärken und zu erweitern, und zwar insbesondere auf den Gebieten der Gesundheit, der Beschäftigung, der Bildung und der Sozialdienste.

Zwar hat die BRK einen starken Einfluss auf die geltende Rechtslage und insbesondere auch auf den Bereich Arbeit und Beschäftigung. Es muss jedoch beachtet werden, dass die Artikel 27 und 26 der BRK von Behinderung betroffenen Menschen keine direkten Ansprüche geben, wobei die Frage der unmittelbaren Anwendung der BRK in der deutschen juristischen Literatur und Rechtsprechung stark umstritten ist. Auf Einzelheiten zu dieser Frage soll hier nicht eingegangen werden.

IV. Reformvorschläge zur Teilhabe von Menschen mit Behinderungen am Arbeitsleben

Zurzeit wird in Deutschland ein Reformgesetz zur Eingliederungshilfe für Menschen mit Behinderungen diskutiert, welches auch Änderungen im Bereich der Teilhabe am Arbeitsleben von Menschen mit Behinderungen haben wird. Unabhängig von der geplanten Reform hatte bereits die Große Koalition aus CDU/CSU und SPD in der letzten Legislaturperiode vereinbart, sich für eine Verbesserung der Möglichkeiten des Übergangs aus dem Arbeitsbereich einer Werkstatt in den allgemeinen Arbeitsmarkt einzusetzen. Im Januar 2009 trat das Gesetz zur Einführung der Unterstützten Beschäftigung in Kraft, welches einen richtigen Schritt in diese

Richtung darstellt. Seit dem Inkrafttreten dieses Gesetzes können Außenarbeitsplätze der Werkstatt in Betrieben des allgemeinen Arbeitsmarktes nicht nur vorübergehend, sondern auch auf Dauer eingerichtet werden. Unabhängig hiervon sollen nach den Beschlüssen der Arbeits- und Sozialministerkonferenz (ASMK) zu der geplanten Reform der Eingliederungshilfe Beschäftigungsalternativen zur Werkstatt für behinderte Menschen geschaffen werden (Lachwitz 2010). So ist geplant, ein berufliches Orientierungsverfahren zu implementieren, das es allen Schülerinnen und Schülern mit Behinderungen an Förder- und Regelschulen mit einem sonderpädagogischen Förderbedarf ermöglicht, bereits vor der Schulentlassung zu prüfen, ob Maßnahmen der beruflichen Bildung am allgemeinen Arbeitsmarkt oder in einer WfbM angestrebt werden sollten. Zur beruflichen Teilhabe in Bezug auf Arbeitsplätze des allgemeinen Arbeitsmarktes führt die ASMK aus, es sei notwendig, einen dauerhaften Nachteilsausgleich zu leisten, um die Chancen für Menschen mit Behinderung, die heute als werkstattbedürftig gelten, auf eine sozialversicherungspflichtige Beschäftigung auf dem allgemeinen Arbeitsmarkt zu erhöhen. Hierzu sollen anstelle der heute im SGB IX beschriebenen Leistungen im Eingangs-, Berufsbildungs- und Arbeitsbereich Leistungsmodule geschaffen werden, die der Mensch mit Behinderung unabhängig vom Ort und vom Träger der Leistungserbringung in Anspruch nehmen kann, also auch außerhalb einer WfbM, etwa in der Form eines persönlichen Budgets.

V. Zusammenfassung

Der Reformprozess des Rechts der beruflichen Teilhabe und Rehabilitation steht durch die BRK vor einer großen Herausforderung. Der Gesetzgeber muss genau prüfen, ob das SGB IX und insbesondere die aktuellen Leistungsgesetze mit der BRK übereinstimmen oder ob ein Veränderungsbedarf besteht. Die Umsetzung der Teilhabe am Arbeitsleben und Beschäftigung für Menschen mit Behinderung dürfte wohl die größte Herausforderung im Rahmen der Umsetzung der BRK und bei der Reform der Eingliederungshilfe sein. Zu vermuten ist, dass dieser Prozess sehr langwierig sein wird und vonseiten der Behindertenverbände kritisch begleitet werden muss. Es besteht aber auch eine große Chance für eine Behindertenpolitik, die dem Anspruch der Inklusion und der Würdigung menschlicher Vielfalt gerecht wird.

Literatur

Ein Blick 2 (2007): Arbeit-Orientierungshilfe zum Thema Behinderung http://www.esf.at/cms/wp-content/uploads/3.-Ein-Blick-2-Arbeit-Orientierungshilfe-zum-Thema-Behinderungen.pdf

Bolger, Kerry E., Charlotte J. Petterson und William W. Tompson (1995): Psychological Adjustment among Children Experiencing Persistent and Intermittent Family Economic Hardship. Cild Development 66: S. 1107-1129.

Greven, Klaus (1985): Langfristige Arbeitslosigkeit und ihre psychischen und psychosozialen Folgen, Offsetdruckerei Aachen 1985.

Kirchler, Erwin (1985): Arbeitslosigkeit und Alltagsempfinden, Rudolf Trauner Verlag, Linz 1985.

Lachwitz, Klaus (2010): Weiterentwicklung der Eingliederungshilfe für Menschen mit Behinderungen, S. 1 ff. (6). In: Rechtsdienst der Lebenshilfe 1/10 2010.

Ruckstuhl, Astrid (2000): Ursachen und Folgen von Langzeitarbeitslosigkeit, Zürich 2000.

Träume?
Torsten Lengsfeld

> »Es gibt keine unmöglichen Träume,
> beschränkt ist nur unsere Wahrnehmung
> des Möglichen.«
>
> Beth Mende Conny

Der philosophische Abend Teil Eins
Träume werden oft belächelt. Träume können zerplatzen. Träume können wir nur schwer im Gedächtnis behalten. Wir brauchen die Träume, um Leben verarbeiten zu können. Auch die Wissenschaften setzen sich mit Träumen auseinander, verbleiben aber mit ihren Erkenntnissen im unverbindlichen Raum. Träume sind entwickelte Bilder abseits der Realität. Wir verbleiben in unserem realen Sein in Distanz zu Phänomenen der Traumarbeit.

Da beruhigt es mich, dass kein Traum wirklich unmöglich ist. Viel mehr ist er. Ich kann seine Existenz nicht vorherbestimmen. Ich kann nur unwesentlich auf ihn einwirken. Ich kann aber nicht sagen, was in Träumen alles passieren könnte. Zu gering ist meine Vorstellungskraft. Ich bin nicht in der Lage, das Universum der Möglichkeiten von Träumen wahrzunehmen. ›Ich bin ein Mensch‹ ist eine nüchterne Erkenntnis.

Hier fängt mein Problem an konkret zu werden. Um nicht zu sagen – das Menschsein mit seinen Beschränkungen auf der Wahrnehmungsebene schränkt das Spektrum an Lebensmöglichkeiten deutlich ein. Meine Fantasie ist begrenzt.

Aber eigentlich bräuchte ich eine grenzenlose Fantasie, um anderen Menschen und letztlich auch mir selbst gerecht werden zu können in der Wahrnehmung der Vielfältigkeit des Seins.

Aus diesem Grunde möchte ich gerne in jeder Lebenssituation an alles glauben, was unmöglich und möglich ist. Ich möchte gerne dem Leben frei begegnen können – also löse ich mich von den Vorstellungen der begrenzten Möglichkeiten und werde dabei immer wieder überrascht, wie wahr und real unmögliche Träume sein können.

Arbeit im Rahmen von Tagesförderung

Nun, sehr geehrte Leserinnen und Leser, die soeben stark zusammengefassten Gedankengänge sind Ergebnis eines »philosophischen« Abends oder besser eines Abends im Philosophieren im Kontext der Beschäftigung mit dem Thema der unbegrenzten Möglichkeiten. Ausgangspunkt war die Diskussion um Menschen, die in einer sogenannten Tagesförderstätte gefördert werden. Schon der Begriff selbst bereitete dem Kreise der vier Betrachter Schwierigkeiten, hatten doch alle eine ganz andere Vorstellung von dem, was eine Tagesförderstätte sein könnte. Zunächst wurde bemerkt, dass der Begriff in weiteren Adaptionen vorliegt, wohl aber das Basismotiv weiterhin vorhanden zu sein scheint. Begriffe wie Tagesförderstätte, Tagesförderung, Förderstätte, Tagesstätte und viele andere mehr machen es möglich, dass wir einander über die Landesgrenzen hinweg nur schwerlich verstehen können und oftmals von verschiedenen Dingen reden. Ein Bundesland steigt aus dieser Diskussion aus, indem es Tagesförderstätten als Sondereinrichtungen in seinem Leistungsspektrum nicht vorsieht. Vielmehr steht hier die Integration der in einer Tagesförderstätte geförderten Personengruppe in vorhandene Systeme wie einer Werkstatt für Menschen mit Behinderung im Vordergrund.

An diesem Punkt lohnt sich ein Blick in die geltenden Sozialgesetzbücher. Hier heißt es lediglich: »Behinderte Menschen, die die Voraussetzungen für eine Beschäftigung in einer Werkstatt nicht erfüllen, sollen in Einrichtungen oder Gruppen betreut und gefördert werden, die der Werkstatt angegliedert sind.« (§ 136 Abs. 3 SGB IX) Zunächst einmal könnte man daraus ableiten, dass es unmöglich erscheint, diese Menschen im Kontext Arbeit zur Entfaltung ihrer Persönlichkeit zu verhelfen. Allerdings wird bei näherer Betrachtung der korrespondierenden Paragraphen des SGB

IX zu dieser Aussage deutlich, dass ihnen Möglichkeiten offenstehen sollten wie z.b. eine qualifizierte berufliche Bildung. Ziel der Maßnahmen zur beruflichen Bildung sei es, am Ende der Maßnahme ein Mindestmaß an wirtschaftlich verwertbarer Arbeitsleistung erbringen zu können. Ein sogenanntes Eingangsverfahren soll darüber eine Prognose abgeben.

In der Realität stehen allerdings den benannten Menschen kein Eingangsverfahren und auch keine berufliche Bildung als Möglichkeit der Verwirklichung einer Persönlichkeit mit dem Ziel des Arbeitens zur Verfügung. Stattdessen werden sie in eine Tagesförderstätte (Ich lege mich jetzt einmal auf diesen Begriff fest.) aufgenommen, in der eine Teilhabe an der Gemeinschaft sichergestellt werden soll. Mehrere Fragen taten sich nunmehr auf: Worin besteht das Mindestmaß an wirtschaftlich verwertbarer Arbeitsleistung? Was grenzt die berufliche Bildung von Angeboten der Tagesförderstätten ab? Mit welchem konkreten Grund werden diesem Personenkreis Leistungen der beruflichen Bildung vorenthalten? Letztlich stellte sich uns die Frage, ob die Werkstatt nicht über die Möglichkeiten verfügt, um Arbeitsangebote für den Personenkreis der Menschen mit hohem Unterstützungsbedarf zu akquirieren und die erforderlichen individuellen Arbeitsplätze einrichten zu können.

Es drängt sich zwingend der Gedanke an politische Diskussionen auf. Je individueller eine Leistung zu erbringen ist, desto höher könnte theoretisch auch der Bedarf an qualifiziertem Personal sein. Dieses würde eine Erhöhung der realen Kosten im Personalbereich der Werkstätten bedeuten. Zudem müssten besondere Bedingungen im Aufbau einer Werkstatt realisiert werden, wie beispielsweise die notwendige Einbindung von Rückzugsräumen oder Ruhezonen. Werkstätten müssten sich darauf einstellen, dass der Grad an Produktivität bei diesem Personenkreis nicht vergleichbar wäre mit der Arbeitsleistung von Menschen, die die Aufnahmevoraussetzungen für eine Förderung innerhalb der WfbM mitbringen.

Wieder strande ich im Kreise der vier »Hobbyphilosophen« im Bereich der zu verwendeten Termini. Wer legt eigentlich fest, was ein Mindestmaß an wirtschaftlich verwertbarer Arbeitsleistung ausmacht? Die Sozialgesetzbücher geben darüber keine Auskunft. Vielmehr verbleibt diese Begrifflichkeit unbestimmt und sorgt immer wieder für heftige Diskussionen. Eine fast naiv anmutende Lösung des Problems wäre es, allen Menschen mit Unterstützungsbedarf selbstverständlich Arbeitsmöglichkeiten zur Verfügung zu stellen und dabei auf Zugangsvoraussetzungen zu verzichten.

An diese Stelle würde der individuelle Aspekt der Arbeit rücken, welcher über ein qualifiziertes System beruflicher Bildung hergeleitet werden könnte.

Tagesförderung der Marli GmbH

An dieser Stelle wird mir deutlich, dass ich zu träumen scheine – oder doch nicht!?

Am Beispiel der Tagesförderstätte der Marli GmbH in Lübeck möchte ich deutlich machen, wie aus einer Verpflichtung zur Konzipierung einer Tagesförderstätte unter dem verlängerten Dach der Werkstatt für behinderte Menschen ein System entstehen konnte, welches mit der Gestaltung eines Eingangsverfahrens und der Umsetzung von Aufgaben der beruflichen Bildung Möglichkeiten für Menschen realisiert werden, die eigentlich als unmöglich angesehen werden.

Mit der Formulierung des Auftrages an die Marli GmbH, eine Tagesförderstätte in oben benanntem Sinne zu konzipieren, stellten die Mitarbeiter/innen sich zunächst die Frage, ob das bis dahin konsequent integrative System der Förderung von Menschen auch mit hohem Unterstützungsbedarf nunmehr aufgegeben werden soll. Das vorgelegte Konzept zeigte auf, dass sowohl einem separierten System als auch einem integrierten Ansatz der Förderung entsprochen werden konnte.

Vor einer Aufnahme in die Tagesförderstätte steht regelhaft eine mehrtägige Hospitation der Interessent/inn/en. In dieser Zeit werden standardisierte diagnostische Verfahren angewendet, die letztlich die Aussagen eines Eingangsverfahrens laut § 40 SGB IX im Fokus haben, hier allerdings wiederum adaptiert, da der Bereich der Teilhabe am Arbeitsleben der Tagesförderstätte zunächst nicht zugeordnet wird:

- *Ist die Tagesförderstätte die geeignete Einrichtung für eine Teilhabe am Gemeinschaftsleben?*
- *Welche Leistungen der Tagesförderstätte kommen für die Förderung in Betracht?*
- *Welche individuellen Voraussetzungen bringt die konkrete Person mit für eine Teilhabe am Gemeinschaftsleben?*
- *Erstellung einer Prognose*

Schon an dieser Stelle muss Folgendes deutlich gemacht werden: Die Marli GmbH ist der Auffassung, dass Arbeit und Gemeinschaft nicht getrennt voneinander betrachtet werden können. Insbesondere die Begrifflichkeit des Mindestmaßes an wirtschaftlich verwertbarer Arbeitsleistung bietet dafür einen konkreten Begründungszusammenhang. Ein Urteil des Bundessozialgerichtes vom 29.06.1995 macht deutlich, dass das wirtschaftliche Verhältnis zwischen Arbeits-, Sach-, Personalaufwand und Arbeitsergebnis irrelevant für eine Bewertung eines Mindestmaßes an wirtschaftlich verwertbarer Arbeitsleistung ist. Vielmehr reiche jedes Minimum aus, um diesem Anspruch gerecht zu werden. Ausgehend vom systemischen Ansatz von Arbeit im Funktionsgebilde aus Natural-, Personal- und Sozialfunktion ist damit festgestellt worden, dass jedem Menschen die Möglichkeit zur Verwirklichung über Arbeit eingeräumt wird und zumindest die Möglichkeit für ein Tätigsein im Sinne von Arbeit bestehen würde.

Konkrete Beispiele

In den Leitsätzen zum Leitbild der Marli GmbH heißt es unter anderem: »Es soll allen Menschen gut gehen.« – ein Zitat aus dem schwedischen Behindertengesetz. Demnach sind die Voraussetzungen dafür auch für Menschen mit hohem Unterstützungsbedarf über oben benannte Feststellung und Einbeziehung in die Konzeption und Lebenswirklichkeit der Tagesförderstätte als gegeben anzusehen.

Konsequent benennt die Tagesförderstätte der Marli GmbH Leistungsangebote, die einem System beruflicher Bildung entsprechen. Ein strukturiertes Tagesprogramm wird dabei für jeden Besucher individuell nach den jeweiligen konkreten Bedarfen entwickelt. Die Begegnungen in der Peergroup werden über verbindliche, stark ritualisierte Gemeinschaftsaktionen unterstützt. Die Einnahme der Mahlzeiten bildet dabei ein leitendes Grundtagesschema. Hinzu kommt das gemeinsame kreative Wirken im Musizieren, im bildnerischen Gestalten oder in gemeinsamen Ausflügen.

Grundsätzlich wird in diesem Beispiel also davon ausgegangen, dass der Mensch an sich lernt und zwar lebenslang. Dieses ist insbesondere vor dem Hintergrund aktueller Hirnforschung zu diesem Thema nicht zu leugnen.

Die verschiedenen Leistungsangebote finden sich weitergehend im räumlichen Konzept wieder. Funktionsräume sind entsprechend den Bedarfen der Besucher konzipiert worden. Sie können in besonderem Maße den individuellen Bedarfen an Rückzugsmöglichkeiten, Entspannung oder aber auch körperlicher Betätigung entsprechen. Die Mitarbeiter/innen agieren dabei so flexibel, dass nach Möglichkeit den situativen Bedarfen immer entsprochen werden kann. Die Mitarbeiter/innen arbeiten dabei orientierend an dem Modell der funktionalen Gesundheit (ICF). Durch therapeutisch-pflegerische, soziale, pädagogische, psychologische und lebenspraktische Förderung werden dabei vorhandene körperliche und geistige Fähigkeiten sowie Beziehungen zur konkreten Umwelt erhalten. Ziel ist dabei eine größtmögliche Selbstständigkeit. Auf arbeitstherapeutischer Ebene werden einfache Arbeitsabläufe zugänglich gemacht. Arbeitserprobungen finden zudem direkt in den Arbeitsbereichen der WfbM statt. Gleichwohl übernehmen die Besucher/innen der Tagesförderstätte eigene Tätigkeitsfelder im Unternehmen wie zum Beispiel die partielle Pflege von Außenanlagen.

Eine besonders willkommene Maßnahme stellt das gemeinsame Zubereiten von Mahlzeiten dar. Hier werden alle (!) Besucher/innen der Tagesförderstätte im Rahmen einer gemeinschaftlichen Arbeit an der Herstellung des Essens beteiligt.

Weitere konkrete Angebote der Tagesförderstätte sind unter anderem:
- *Basale Stimulation*
- *Kommunikationstraining*
- *Sport und Bewegung*
- *Musik und Rhythmik*
- *Wassergymnastik*
- *Physiotherapeutische Angebote*
- *Kognitives Training*
- *Auditives Training*
- *Computergestütztes Lernen*

Im Ergebnis wird deutlich, dass ein Arbeitsverständnis sich nicht ausschließlich an eine Erwerbstätigkeit knüpfen lässt. Das doch sehr enge Verständnis von Begrifflichkeiten wie Bildung, berufliche Bildung, Arbeit u.a.m. lässt Möglichkeiten der Entwicklung für Menschen aus.

Vielmehr zeigen Entwicklungsprozesse von konkreten Menschen in Tagesförderstätten immer wieder, dass unsere Vorstellung vom Möglichen oftmals nicht ausreicht, um für Menschen vom Grunde her jegliche Entwicklungsmöglichkeiten zu denken.

Bildung ist Teilhabe – Arbeitskreis Berufliche Bildung für Menschen mit schweren und mehrfachen Behinderungen

Anregungen und Ideen haben wir uns im Arbeitskreis »Bildung ist Teilhabe« geholt. Dort treffen sich bundesweit Fachleute, um Erfahrungen und konkrete Praxistipps über berufliche Bildungsangebote im Rahmen von Tagesförderstätten auszutauschen. Alle beteiligten Institutionen haben Lehrangebote entwickelt, um Menschen mit schwerer Behinderung an Arbeit heranzuführen und ihnen wichtige berufliche Bildungsinhalte zu vermitteln. Durch den fachlichen Austausch können eigene Materialien und Angebote verbessert und neue Ideen eingeführt werden. Die Bundesarbeitsgemeinsachft WfbM unterstützt diesen Arbeitskreis, Materialien werden auf der Homepage der Aktion Bildung (www.aktionbildung.de) eingestellt. Wer Interesse an einer Mitarbeit in diesem Arbeitskreis hat, meldet sich bitte beim Autor oder bei Nadine Voss.

Philosophischer Abend Teil zwei

Am Ende der Diskussion der vier »Hobbyphilosophen« stand eine Erkenntnis für einen jeden selbst. Die Wahrnehmung der Welt ist ein Prozess, welcher in einem jeden selbst vollzogen wird. Die Wahrnehmung ist dabei so vielfältig wie es Individuen gibt. Gleiches gilt für Prozesse der Bildung. Auch sie ist ein Prozess, der in uns selbst sehr individuell angestoßen werden kann durch Beteiligung am konkreten Leben. Nicht ausgeschlossen werden darf dabei die Erfahrungswelt des Arbeitens ...

Und da schließt sich der Kreis: Sofern wir Begrifflichkeiten des Lebens nicht klar und deutlich bestimmen und erklären, werden wir immer wieder Menschen ausschließen bzw. ihnen Möglichkeiten zur Entfaltung im Leben nehmen.

Die Marli GmbH setzt am Ende ein besonderes Zeichen. Sie verabschiedet sich im Firmenlogo von der Begrifflichkeit des behinderten Menschen und öffnet sich konzeptionell für jeden Menschen. Das Unternehmen ist für jeden Menschen offen. Der »Mensch an sich« steht im Fokus eines neuen Leitbildes des Unternehmens, welches anstößt und Diskussionen eröffnet. Das Unternehmen erhofft sich dadurch eine Diskussion und Grundsatzdebatte zu Themen wie Gerechtigkeit, Verlässlichkeit, Vertrauen, Verantwortung, Solidarität und Mitmenschlichkeit.

Unsere Gesellschaft ist auf dem Weg, die richtigen Antworten darauf zu geben. Dazu kann ein jeder einen Beitrag durch sein eigenes Tun und Handeln leisten, wenn er sich von Vorurteilen und Klischees trennen kann.
Es wird gelingen und das ist kein Traum, sondern die Wahrnehmung des Möglichen!

»*Das Vorurteil ist von der Wahrheit weiter entfernt als die Unkenntnis.*«
W. I. Lenin

Persönliche Zukunftsplanung in der beruflichen Orientierung für Menschen mit schwerer und mehrfacher Behinderung

Stefan Doose

Berufliche Orientierung und Arbeit

Berufliche Orientierung sollte ein Erkundungsprozess sein: Was kann die Person (lernen) – bei alledem, was sie vielleicht nicht kann? Was interessiert sie? Welche Möglichkeiten hat sie, welche können geschaffen werden? Was braucht die Person, um gut arbeiten zu können? Wie lernt sie? Welche Unterstützung und Hilfsmittel benötigt sie? Wohin fließt die Energie? Was will sie?

Vieles muss erprobt und im Tun entdeckt werden: Was passt zu der Person? Wie könnte es passend gemacht werden? Für die Gestaltung des beruflichen Bildungsprozesses liegen mit dem Konzept der Unterstützten Beschäftigung (vgl. Doose 2007b, c) gute Methoden vor. Eine intensive Begleitung durch einen Job Coach, eine genaue Analyse der einzelnen Tätigkeitsschritte und ein Zuschneiden der Arbeitsplätze auf die Fähigkeiten und Ressourcen der Person und des betrieblichen Umfeldes ist wichtig. Arbeitsplätze für Menschen mit schwerer und mehrfacher Behinderung werden in der Regel nicht gefunden, sondern müssen entwickelt und erfunden werden. Dazu sollten auch die vielfältigen Möglichkeiten in Betrieben und im Gemeinwesen genutzt und sich nicht auf das Arbeiten in Tagesförderstätten beschränkt werden: Wo finden wir anregende, offene Orte, an denen wir mitarbeiten können?

Es geht um die Gestaltung von anregenden Möglichkeitsräumen und Begegnungsräumen. Eine wesentliche Frage zur Bewertung der Arbeitsmöglichkeiten von Menschen mit Behinderung ist, welche Beziehung die Arbeit zwischen dem Einzelnen und der Gesellschaft herstellt. Seinen Beitrag leisten, Bedeutung für andere haben, Da-Sein und am Arbeitsleben teilhaben. Arbeit sollte kein Selbstzweck werden, sondern zur Lebensqualität und zur sozialen Inklusion beitragen.

Arbeit ist die Tätigkeit, die den Menschen in Beziehung zur Gesellschaft bringt. Arbeit bestimmt die Art und Weise, wie der Mensch in die Gesellschaft integriert ist. Arbeit, gerade für Menschen mit schweren und mehrfachen Behinderungen, darf deshalb nicht nur hinsichtlich ihrer Produktivität bewertet werden. Arbeit sollte eine für die Person und die Umwelt bedeutungsvolle Tätigkeit sein, die Interessen aufgreift und weckt, Fähigkeiten herausfordert. Arbeitsfähigkeit darf auch nicht wieder zum Selektionskriterium werden. Es muss auch das Recht geben, nicht zu arbeiten und trotzdem dabei zu sein. Inklusion bedeutet Leben in sozialer Verbundenheit. Jeder ist willkommen und wertgeschätzt und niemand wird ausgegrenzt, weil er anders ist.

Für Menschen mit schwerer und mehrfacher Behinderung und ihre Familien ist dies nicht selbstverständlich. Schon vor oder mit der Geburt wird den Eltern oft klargemacht, dass sie Fürchterliches zu erwarten haben. Negative, entmutigende Prognosen werden ihnen auf den Lebensweg gegeben, die schnell zu selbst erfüllenden Prophezeiungen werden können. Es droht eine Abwärtsspirale der Unmöglichkeiten mit geringen Erwartungen und isolierenden Lebensbedingungen. Für die Eltern wird die Zukunftsplanung zum Albtraum, mit der bangen Frage »Wer kümmert sich, wenn ich nicht mehr bin?«. Menschen mit schwerer und mehrfacher Behinderung sind de facto die Personengruppe innerhalb der Behindertenhilfe, die das höchste Risiko trägt, unter isolierenden, hospitalisierten Bedingungen in Einrichtungen zu leben und Menschenrechtsverletzungen ausgesetzt zu sein.

Es geht daher um mehr als um berufliche Orientierung, es geht um den Übergang in das Erwachsenenleben, um die Teilhabe am Leben insgesamt. Es geht ums Ganze.

Eine positive Vorstellung von der Zukunft entwickeln
Es ist daher existenziell wichtig, eine positive Vision für die Zukunft zu

entwickeln. Vision als eine Art zu sehen, was geht, was sein könnte. Wie würde ein gutes Leben für die Person und Teilhabe in den Bereichen Wohnen, Freizeit, Arbeit und Bildung aussehen? Was braucht die Person, damit es ihr gut geht und sie gesund ist? Wie können positive Beziehungen gepflegt und ausgebaut werden?

Es geht um eine Verständigung über die Zukunft (vgl. Hömberg 2008). Dazu ist es notwendig, überhaupt ein Zukunftsvokabular mit den Beteiligten zu entwickeln und Bilder zu haben, in welche Richtung die Entwicklung gehen soll. Was sind die Träume der Person? Was sind unsere guten Wünsche für sie? Was wäre aus Sicht der Beteiligten ein Albtraum und sollte auf keinen Fall passieren? Was wären Ziele, deren Verwirklichung einen wirklichen Unterschied im Leben der Person machen würden?

Persönliche Zukunftsplanung

Persönliche Zukunftsplanung (engl. person centred planning, PCP) umfasst eine Vielzahl methodischer Planungsansätze, um mit Menschen mit und ohne Behinderung über ihre Zukunft nachzudenken, eine Vorstellung von einer erstrebenswerten Zukunft zu entwickeln, Ziele zu setzen und diese mit Hilfe eines Unterstützungskreises Schritt für Schritt umzusetzen (vgl. Doose 2007a). Dabei sollen Veränderungsprozesse sowohl auf der Ebene der Person, der Organisation und des Gemeinwesens gestaltet werden. Es geht neben der Erreichung persönlicher Ziele für die Person also auch um die Frage der Gestaltung von hilfreicher Unterstützung und der Weiterentwicklung von Dienstleistungen einer Organisation sowie im Sinne der Sozialraumorientierung um den Aufbau und die Nutzung von Ressourcen vor Ort. Es bedarf also lernender Organisationen, die offen sind und bereit, am Einzelfall zu lernen, wie sie ihre Unterstützung weiterentwickeln können und sich in das Gemeinwesen öffnen.

Im Rahmen der beruflichen Orientierung kann Persönliche Zukunftsplanung helfen, die Person umfassend kennenzulernen, Fähigkeiten und berufliche Lernprozesse zu dokumentieren. Aber auch die berufliche Orientierung im Gesamtzusammenhang des individuellen Weges zu einem erfüllten Leben zu sehen, der lebensfeldübergreifend die Begleitung möglichst vieler Personen benötigt. Es gibt mittlerweile eine Reihe von Beispielen von Zukunftsplanungen auch für Menschen mit schwerer und mehrfacher Behinderung (vgl. Kluge 2007, Bros-Spähn 2007, Niedermair/Tschann 2007, Ehler 2008, Hömberg 2008).

Ausgangspunkt der Persönlichen Zukunftsplanung ist ein wechselseitiges Kennenlernen. Es geht um eine lebendige Beschreibung der Person, ihrer Stärken und Fähigkeiten, Vorlieben und Interessen, ihrer persönlichen Geschichte und Lebenssituation in der Gegenwart. Dies ist umso wichtiger, wenn sich die Person nur nonverbal durch ihr Verhalten oder mit Hilfe von Unterstützter Kommunikation äußern kann. Vielfach stehen sonst wichtige Informationen nicht allen Unterstützer/inne/n zur Verfügung, gehen bei Personalwechsel verloren oder geraten in Vergessenheit.

So musste mir als Job Coach in einem Praktikum in den USA eine junge Frau mit autistischen Zügen, mit der ich nach der Arbeit zum Bus gelaufen war, die ganze Busfahrt durch sogenanntes auffälliges Verhalten deutlich machen, dass man sie nicht hetzt. Wenn wichtige Informationen über das, was für eine Person gute Unterstützung ausmacht, nicht weitergegeben werden, muss die Person immer wieder durch sogenanntes auffälliges Verhalten die Erzieher erziehen, ordentlich mit ihr umzugehen. Ein für alle Seiten mühsames Verfahren.

In manchen Hilfeplanungsverfahren erscheint mir die Person in unzähligen Formularen mit formalen Angaben zu ertrinken. Wer ist die Person wirklich? Was macht sie aus? Schriftliche Planung und Dokumentation scheinen manchmal zur Rechtfertigungsübung zu verkommen, die keine positiven Auswirkungen auf die Lebensqualität und die Zukunft der Person hat. Persönliche Zukunftsplanung ist im Gegensatz zur individuellen Hilfeplanung nicht vorgeschrieben. Sie macht nur Sinn, wenn sich im Leben einer Person wirklich etwas ändern soll. Es geht nicht um Planung um der Planung willen, sondern um die Erreichung der persönlichen Ziele der Person.

Persönliche Zukunftsplanung

Teilweise ist die persönliche Geschichte verloren gegangen. So blieb nach dem Umzug einer schwerstmehrfachbehinderten 45-jährigen Frau aus einem ehemaligen Landeskrankenhaus in eine Einrichtung für Schwerstmehrfachbehinderte nur eine DIN-A4-Seite übrig – ein »Gutachten«, das mit defizitärem Blick knapp diagnostizierte. Es gab keine Fotoalben, keine Dokumentation ihrer Vorlieben oder wichtiger Personen im Leben.

Persönliche Zukunftsplanung fordert mit einem Stärken und Ressourcen orientiertem Blick gut zu achten und genau zuzuhören. John O'Brien, einer der Begründer der Methode, betont, dass für eine Persönliche Zukunftsplanung besonders geschulte Augen, Ohren und Münder notwendig seien: Augen für Stärken und Möglichkeiten, Ohren zum aktiven, einfühlsamen Zuhören und ein Mund für eine wertschätzende, für alle verständliche Sprache (vgl. Doose 2007a). Dies ist insbesondere wichtig, wenn sich Menschen nicht einfach lautsprachlich mitteilen können. Shevin Mayer (2002) weist zu Recht darauf hin, dass wir uns oft nicht unseres »Sprachflüssigkeitsprivilegs« bewusst sind. Wir sind viel schneller als die Person kommunizieren kann und können dies scheinbar viel differenzierter ausdrücken. Wenn wir nicht mit ganzem Herzen und Geduld zuhören und schon zu wissen meinen, was die Person sagen will, verpassen wir oft das Wesentliche und dominieren die Gesprächssituation.

Eine wesentliche Frage ist, wie die Person mit schwerer und mehrfacher Behinderung an der Planung ihrer Belange beteiligt werden kann. Dazu gilt es herauszufinden, wie und unter welchen Bedingungen die Person am besten kommu-

nizieren kann, und die Planungsmethoden daraufhin anzupassen. Persönliche Zukunftsplanung und Unterstützte Kommunikation lassen sich zum Beispiel gut kombinieren, indem PCP, BLISS oder Minspeak Ikonen mit eingebaut und ein entsprechender Wortschatz mit den Betroffenen erarbeitet wird (vgl. Hömberg 2008). Für manche Personen funktionieren Zeichnungen oder Fotos, andere bevorzugen taktile Objekte oder Gesten. Manchmal müssen wir im Unterstützungskreis aufgrund unserer Kenntnisse beste Schätzungen abgeben, was für die Person hilfreich sein könnte und dann im Tun an der Reaktion der Person ablesen, ob unsere Arbeitshypothesen richtig waren. Die Chance eines Unterstützungskreises ist, dass hier vielfältige Perspektiven zusammenkommen.

Unterstützungskreise – Vernetzung im Einzelfall

Ein Unterstützungskreis ist ein Kreis von Menschen, die die Person bei der Umsetzung ihrer persönlichen Zukunftsplanung unterstützen können. Unterstützungskreise umfassen neben der planenden Person als Hauptperson zum Beispiel auch Freunde, Bekannte, Familienmitglieder sowie Professionelle. Die Personen im Unterstützungskreis werden persönlich zu einem Zukunftsplanungstreffen eingeladen. Ein Zukunftsplanungstreffen sollte an einem geeigneten, möglichst von der Person ausgewählten Ort organisiert werden. Meistens gibt es auch etwas zu trinken und zu essen. Es geht darum »Heimspiele« zu organisieren. Unterstützertreffen können von einer Stunde bis zu einem eintägigen »Zukunftsplanungsfest« (Boban 2007) dauern. Die Unterstützungskreistreffen sollten verzahnt mit einem längerfristigen Planungsprozess und gut vorbereitet sein.

Im Zusammenhang mit einer beruflichen Orientierung ist es sinnvoll, möglichst bereits vor der Maßnahme die Zukunftsplanung zur Gestaltung des Übergangs zu beginnen. Je nach Situation des Einzelnen sind in Zeiten, in denen sich viel ändern soll, Treffen alle 6 - 8 Wochen sinnvoll, bei anderen, längerfristigen Prozessen reicht vielleicht ein- bis zweimal im Jahr.

Bei Menschen mit schwerer und mehrfacher Behinderung stellt sich häufig die Frage der Beteiligung. Grundsätzlich sollte die Person den Prozess steuern. Eine gute Vorbereitung der Treffen mit der Person kann ihr helfen eine aktive Rolle zu übernehmen (z.B. Teilnehmer auswählen, Einladungen gestalten, Leute begrüßen, Talker mit wichtigen Worten präparieren, Karten mit Stärken oder Träumen mit in das Treffen bringen, Zeichen für Ja/Nein/ STOP ausmachen).

Manchmal ist es trotz allen Bemühens nicht zu klären, ob die Person einen Unterstützungskreis und eine Zukunftsplanung wünscht. Dennoch kann gerade in diesen Fällen ein Unterstützungskreis ganz wichtig sein, um die Lebensqualität der Person zu verbessern. Gerade durch die verschiedenen Blickwinkel entstehen dann gemeinsame Verständigungen und neue Ideen. Die Planenden sind dann eher die Familie oder die Unterstützer/innen. Gemäß des Grundsatzes »Nichts über mich ohne mich« sollte die Person nach Möglichkeit immer mit anwesend sein. Die bloße Präsenz verändert die Diskussion und oft konnte ein erstaunliches Beteiligtsein der Personen an dem Planungstreffen festgestellt werden (vgl. O'Brien, Pearpoint, Kahn 2010, Kluge 2007).

Es gibt verschiedene Planungsformate in Unterstützungskreisen. Die bekanntesten sind MAP und PATH (O'Brien, Pearpoint, Kahn 2010, Boban 2007, Hömberg 2008) und die persönliche Lagebesprechung (person centred review) (vgl. Sanderson/Goodwin 2010).

Der Fokus von Unterstützungskreisen und Persönlicher Zukunftsplanung liegt auf Stärken und Möglichkeiten statt auf Behinderung, Schwächen und Unmöglichkeiten, wobei reale Probleme nicht ignoriert werden. Aufgabe der Persönlichen Zukunftsplanung ist es, ein lebendiges Bild von der Person und ihrer Ausgangssituation zu zeichnen und eine positive Vision für zukünftiges Leben zu entwickeln. Zukunftsplanungstreffen enden immer mit einem konkreten Aktionsplan für die nächsten Schritte.

Unterstützungskreise können für alle Beteiligten eine enorme Hilfe darstellen, da sie professionelle und nichtprofessionelle Unterstützungspotenziale zusammenbringt, wie gemeinsam Möglichkeiten erkundet,

Probleme gelöst und Unterstützungen koordiniert werden können. Im Unterstützungskreis ändert sich auch der Charakter der Planung, da es nicht mehr alleine der Plan der Person (mein Plan) ist, sondern der gemeinsame Plan des Unterstützungskreises (unser Plan) wird – mit allen dort vorhandenen Stärken, Fähigkeiten, Ressourcen und Verbindungen, um die Ziele der Person zu verwirklichen (vgl. O'Brien, Pearpoint, Kahn 2010). Sinnvoll ist es deshalb, den Unterstützungskreis möglichst vielfältig und lebensbereichsübergreifend zusammenzusetzen. Manche Unterstützungskreise sind sehr klein, andere relativ groß. Oft geht es zunächst darum, mögliche Unterstützungspersonen zu identifizieren, da das Unterstützungsnetzwerk der Betroffenen oft recht klein geworden ist. Für manche Menschen mit schwerer und mehrfacher Behinderungen in Institutionen gibt es nur noch Professionelle, die sich um sie kümmern. Hier kann es sinnvoll sein, den Unterstützungskreis gezielt um Leute aus dem Gemeinwesen zu erweitern, die Wissen und Verbindungen haben, die für eine lebenswerte Zukunft der Person bedeutsam sein könnten.

Für viele Menschen stellt es zunächst auch eine Überwindung dar, andere Menschen um Unterstützung zu bitten. Die Erfahrung mit Unterstützungskreisen zeigt, dass es viele Menschen als eine Ehre empfinden, zu einem Unterstützungskreis eingeladen zu werden, und dies auch als eine große Entlastung erlebt wird.

Unterstützungskreise sollten von einer erfahrenen moderierenden Person begleitet werden, die die Ergebnisse grafisch auf Plakaten festhält. Während in Unterstützungskreisen häufig eine positive Dynamik erzeugt werden kann, gibt es auch Fälle, in denen die negative Dynamik sichtbar wird. Dies erfordert von der Moderation ein sensibles Umgehen mit Widerständen (vgl. Doose 2007a).

Methoden

Persönliche Zukunftsplanung bedient sich einer Vielfalt von unterschiedlichen Methoden: Genutzt werden unterschiedliche Arbeitsblätter/Poster (Doose 2007a, Sanderson/Goodwin 2010), Kartensets (z.B. Doose 2007a,

Hamburger Arbeitsassistenz 2008), Portfolios, Planungsordner (z.B. Doose, Emrich, Göbel 2004) und verschiedene Planungsformate wie MAP und PATH in Unterstützerkreisen (O'Brien, Pearpoint, Kahn 2010, Hömberg 2008). Die Poster werden dabei häufig nicht nur mit Wörtern beschrieben, sondern Inhalte zusätzlich mit einfachen Zeichnungen visualisiert.

Die Methoden können teilweise begleitend oder vorbereitend für ein Treffen des Unterstützungskreises mit der Person und ihrem Umfeld genutzt werden. Sie können aber teilweise auch sehr gut als Methode auf dem Unterstützungskreistreffen eingesetzt werden bzw. die Person kann ihre Dinge präsentieren und der Unterstützungskreis ergänzt oder nimmt diese Informationen zum Ausgangspunkt für die Aktionsplanung.

Die Person kennenlernen

Der erste Schritt in Persönlicher Zukunftsplanung ist es, sich wechselseitig kennenzulernen. Folgende Arbeitsblätter/Poster können dabei hilfreich sein:

Eine Seite über mich ... (One Page Profile):
Mit der planenden Person wird ein persönliches Profil ggf. mit Foto erstellt, das Auskunft zu folgenden drei Fragen gibt (vgl. Sanderson/Goodwin 2010):
1. Was mir wichtig ist ...
2. Was andere an mir mögen und schätzen ...
3. Wie man mich gut unterstützen kann ...

Was ist der Person wichtig? / Was ist für die Person wichtig?
Dieses Arbeitsblatt/Poster erkundet einerseits, was der Person wichtig ist und andererseits, was für die Person wichtig ist, um gesund und sicher zu sein (vgl. Sanderson/Goodwin 2010, 4). Beide Seiten befinden sich manchmal in einem Spannungsverhältnis zueinander und es ist wichtig, eine gute Balance zu finden.

Typischer Tages- bzw. Wochenverlauf
Hier geht es darum genau zu erkunden, wie die Person ihren Tag verbringt und welche Möglichkeiten sie im Laufe des Tages hat, ihre Fähigkeiten einzubringen und mit anderen Menschen in Kontakt zu treten. Dies kann ein wichtiger Ausgangspunkt sein, um den Alltag der Person bewusst zu bereichern.

Guter Tag / schlechter Tag
Auf diesem Arbeitsblatt/Poster geht es darum aufzuschreiben, was für die Person einen guten Tag ausmacht und was einen Tag schlecht werden lässt.

Routinen
Gute Routinen sind für uns wichtig und strukturieren den Tag, geben uns Sicherheit. In einem Seminar bat Julie Lunt von Helen Sanderson Associates die Teilnehmer/innen ihre Morgenroutine detailliert aufzuschreiben und anzukreuzen, was auf jeden Fall wichtig wäre, damit der Tag gut beginnt. Dann sollten die Teilnehmer tauschen und überlegen, wie es ihnen gehen würde, wenn sie die Morgenroutine der anderen Person leben müssten und Punkte ankreuzen, die sie nicht gerne tun würden. Diese Übung macht deutlich, wie wichtig es ist, für gute Unterstützung auf die Details zu achten. Gerade für Menschen mit schweren und mehrfachen Behinderungen ist es wichtig, auf die Details für Wohlergehen zu achten und gute Routinen zu entwickeln.

Kartensets
Es gibt mittlerweile eine Reihe von Kartensets mit Zeichnungen und verschiedenen Fragestellungen (vgl. Doose 2007a). Auch wenn eine Person die Karten nicht lesen und sogar die Zeichnungen nicht verstehen kann, können jedoch ausgewählte Themen der Karten genutzt werden, um mit der Person bedeutsame Aspekte ihres Lebens zu erkunden und zu dokumentieren (z.B. Stärken und Fähigkeiten, Aktivitäten, die für sie vielleicht

interessant wären). Es können auch selbst »Karten« mit Fotos oder tastbaren Objekten hergestellt werden. Die Kartensets gibt es in verschiedenen Formaten:

Bei den *Lebensstilkarten* geht es darum, sich kennenzulernen und über Vorlieben im Alltag auszutauschen (Aktivitäten mit der Familie, Lieblingsessen, Umgang mit Wut).

Die *Traumkarten* thematisieren große und kleine Träume (z.B. reisen, eine Massage bekommen, gut zu mir selber sein, mein Zimmer gestalten).

Wege guter Kommunikation
Für einige Menschen mit schwerer und mehrfacher Behinderung ist es wichtig, gemeinsam nachzudenken, wie eine gute Kommunikation sichergestellt werden kann. Was funktioniert gut für die Person, was nicht?

Kommunikations-Karten
Dieses Arbeitsblatt schärft den Blick für bestimmte, wiederkehrende Situationen, in denen die Handlungen oder das Verhalten einer Person mehr aussagen und eindeutiger sind, als das, was die Person sagt. Hier wird in einer Tabelle zuerst die Situation benannt, dann das Verhalten geschildert, dann die Interpretation des Verhaltens durch den Unterstützungskreis und die geplante Reaktion der anwesenden Person (vgl. Sanderson/Goodwin 2010, 12).

Fähigkeiten entdecken, Entwicklung dokumentieren
Stärken und Fähigkeiten bzw. was andere an der Person schätzen und bewundern
Ein wichtiges Arbeitsblatt/Poster ist es, die Stärken und Fähigkeiten einer Person mit dem Unterstützungskreis zusammenzutragen. Was kann die Person, was macht sie aus?

Eine Variation ist es, auf einem Plakat am Beginn einer Sitzung zusammenzutragen, was andere Menschen an der Person schätzen und bewundern. Was bringt sie in das Leben, was sonst nicht da wäre? Für viele planende Personen und ihre Familien tut diese positive Blickrichtung gut, weil der Blick zu häufig auf der Behinderung und dem Belastenden liegt.

Hutkarten
Bei den Hutkarten geht es darum, eigene Stärken und Fähigkeiten zu erkunden und zu überlegen, was man gerne erproben möchte (z.B. sortieren, malen, Gartenmensch, pünktliche Person).

Ich-kann-Karten
Ähnlich sind die Ich-kann-Karten und Vorlagen der Hamburger Arbeitsassistenz, wo gezielt für die berufliche Orientierung Karten mit Tätigkeiten und Eigenschaften in einem modernen Design für Jugendliche entworfen wurden. Sie befinden sich als Druckvorlagen auf der DVD des talente- und bEO-Materials (Hamburger Arbeitsassistenz 2007, 2008).

Persönliches Profilbild
Bei diesem Arbeitsblatt/Poster werden mit der Person in und um einen gezeichneten Körperumriss Stärken, Fähigkeiten und positive Eigenschaften sowie der Person wichtige Werte und Wünsche, Träume eingetragen (vgl. Hamburger Arbeitsassistenz 2008). Dabei können auch die ausgewählten Karten aus den Kartensets in das Körperbild eingeklebt werden.

Rahmenbedingungen für Erfolg
Ein wichtiges Arbeitsblatt/Poster beschäftigt sich damit herauszufinden, was eine Person braucht, um zum Beispiel gut arbeiten zu können. Was ist gut für die Person / was ist nicht gut? Was braucht die Person an Rahmenbedingungen, um möglichst erfolgreich zu sein?

Portfolio
Ein Portfolio ist eine persönliche Dokumentation der eigenen Entwicklung und eine Sammlung der besten Werke, die das Lernen in bestimm-

ten Kompetenzbereichen dokumentieren. In einer Integrationsklasse wurde es deshalb auch treffend das »Ich-kann-Buch« genannt. Portfolios werden mittlerweile von der Krippe bis hin zur Berufsbildung oder Entwicklungsdokumentation und Lernreflexion genutzt.

Für die Berufsorientierung bietet das Portfolio die Möglichkeit, dass sich die Person einerseits auf sogenannten »Ich-Seiten« vorstellt und aus der Zukunftsplanung eine lebendige, kompetenzorientierte Beschreibung der Person erfolgt. Auf der anderen Seite können mit Fotos, Video, kleinen Texten die erprobten Tätigkeiten und erworbenen Fähigkeiten der Person dokumentiert werden. In einem weiteren Teil könnte die Zukunftsplanung dokumentiert werden. So entsteht im Laufe der Maßnahme eine lebendige Dokumentation des Lernens, die auch von der Person und ihren Unterstützer/inne/n immer wieder betrachtet werden kann.

Lerntagebuch
Das Lerntagebuch bietet die Möglichkeit Informationen so zu sammeln, dass erkennbar wird, was in Bezug auf die Unterstützung einer Person so bleiben soll, wie es ist und was sich ändern muss. In tabellarischer Form wird festgehalten (vgl. Sanderson/Goodwin 2010, 14):
- *Datum*
- *Was hat die Person genau gemacht (was, wo, wann wie lange?)*
- *Wer war dabei? (Namen der Unterstützungspersonen, Freunde und andere)*
- *Was haben wir gelernt, was gut lief? Welche Situation eignet sich gut zum Lernen? Was hat der Person an der Aktivität gefallen? Was muss so bleiben?*
- *Was haben wir gelernt, was nicht gut lief? Welche Situation eignet sich nicht so gut zum Lernen? Was hat der Person an der Aktivität nicht gefallen? Was muss sich ändern?*

Was läuft gut, was läuft nicht gut?
Dieses Poster eignet sich gut für Unterstützungskreise und ist zum Bei-

spiel Teil einer Persönlichen Lagebesprechung. Das Plakat wird in zwei Spalten aufgeteilt. Auf der einen Seite werden Punkte aufgelistet, die gut laufen, auf der anderen Seite die Dinge, die zurzeit (noch) nicht gut laufen. Dabei gibt es jedoch drei verschiedene Bereiche: In den ersten Bereich wird nur aus Sicht der planenden Person wiedergegeben, was gut und was nicht gut läuft, im zweiten Bereich zum Beispiel aus Sicht der Familie und im dritten Bereich zum Beispiel aus Sicht der professionellen Unterstützer/innen. So bekommt man schnell einen Überblick aus verschiedenen Perspektiven, wie die Dinge laufen und was angegangen werden muss (vgl. Sanderson/Goodwin 2010, 16).

4 + 1 Fragen
Diese Methode ermöglicht es, die bisherigen Aktivitäten und Bemühungen gemeinsam auszuwerten. Die Fragen lauten (vgl. Sanderson/Goodwin 2010, 19):
1. Was haben wir versucht?
2. Was haben wir gelernt?
3. Worüber waren wir erfreut?
4. Worüber waren wir besorgt?
+ Ausgehend von dem, was wir wissen: Was ist der nächste Schritt?

Verbindungen zum Gemeinwesen stärken
Im Rahmen der Persönlichen Zukunftsplanung gibt es eine Reihe von Methoden, die ausdrücklich das Netzwerk der Person und den Sozialraum in den Blick nehmen (vgl. Helen Sanderson Associates 2008):

Meine Verbindungen
Auf diesem Arbeitsblatt/Poster werden ausgehend von der planenden Person in der Mitte der Person bekannte Menschen aufgelistet und jeweils hinzugefügt, welche Arbeitsstellen, Hobbys und Talente diese Personen haben, die für die planende Person interessant sein könnten.

Kiezkarten
Auf der Kiezkarte werden mit der Person gemeinsam für sie bedeutsame Orte im Gemeinwesen zusammengetragen. Außerdem kann gemeinsam erkundet werden, welche bisher nicht bekannten Orte für die Person interessant sein könnten. Die Orte können auch mit Fotos illustriert oder durch einen kleinen Videofilm veranschaulicht werden.

Meine Orte
Bei diesem Arbeitsblatt/Poster werden ebenfalls die für eine Person wichtigen Orte aufgezeichnet. Allerdings werden sie in verschiedene Segmente unterteilt:
1. Orte, an denen ich Kunde bin
2. Orte, an denen ich mich wohlfühle
3. Orte, wo ich Mitglied bin
4. Orte, an denen ich Beziehungen pflegen kann
5. Orte, an denen ich neue Beziehungen knüpfen kann

Sozialraumkarten
Bei dieser Methode geht es darum, möglichst viele Kenntnisse über den Ort gemeinsam mit allen Beteiligten zusammenzutragen:

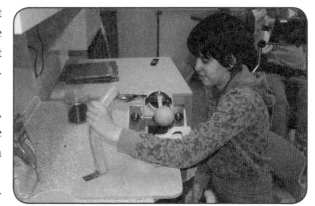

Welche Firmen, Vereine, Einrichtungen gibt es, die für uns interessant sein könnten?

Wer sind Schlüsselpersonen an diesem Ort oder in diesem Stadtteil? Wer kennt viele andere Menschen? Wessen Wort zählt vor Ort?

Wo sind offene Orte, an denen wir willkommen sind? Mit wem können wir Kooperationen aufbauen? Welche Orte nutzen die unterstützten Personen gerne?

Ziel ist es das Blickfeld zu erweitern und neue Verbindungen in das Gemeinwesen aufzubauen, um Möglichkeitsräume zur Verwirklichung von Zukunftsplanungen zu erschließen und neue Verbündete zu finden.

Persönliche Zukunftsplanung hat Konsequenzen

Persönliche Zukunftsplanung bietet eine Vielfalt von Planungsansätzen und Methoden gemeinsam mit einer Person mit Behinderung, ihren Familien und Freunden und Unterstützer/inne/n, bedeutsame Veränderungsprozesse in Gang zu setzen und eine lebenswerte Zukunft zu erreichen. In diesem Artikel konnten nur einige kurz skizziert werden. Die Methoden sind keine Patentrezepte und müssen immer im Blick auf die Person und Situation ausgewählt werden. Gerade bei schweren und mehrfachen Behinderungen müssen die Methoden kreativ angepasst werden. Es geht nicht darum, dass alle beschriebenen Methoden angewandt werden, sondern darum, mit der planenden Person und ihrem Umfeld in einer für sie zugänglichen Art und Weise über die konkrete Gestaltung ihres Lebens nachzudenken und Wahlmöglichkeiten zu erschließen. Entscheidend ist dabei, dass es nicht einfach neue Methoden sind, die man nutzen kann, sondern dass die Zukunftsplanung mit einer auf Stärken und Möglichkeiten fokussierten Grundhaltung einhergeht. Es ist ein Prozess, auf den man sich einlässt. Die methodischen Ideen sind wie die Zutaten eines Kuchens: Es haftet nichts Magisches an ihnen. Die richtige Mischung der Zutaten, die richtige Wärme, das richtige Timing und der richtige Anlass sind entscheidend für das Gelingen.

Die Kernfrage ist, wie wir jemandem helfen können, mehr Lebensqualität in wichtigen Lebensbereichen zu bekommen. Das Tempo der Veränderung und die Größe der Schritte muss dabei durch die Person vorgegeben werden. Manchmal sind es nur kleine Schritte, die den Fortschritt einer Person ausmachen, manchmal müssen Rückschritte und Umwege in Kauf genommen werden. Nicht selten sind es aber auch erstaunliche, größere Veränderungen im Leben einer Person, die mit guter Unterstützung erreicht werden können. Wichtig ist es den Prozess so zu gestalten, dass er die Person stärkt, ermächtigt und nicht klein oder ohnmächtig macht. Berufliche Orientierung kann so einen wichtigen Beitrag zur Stärkung des Selbstbewusstseins und zur Eröffnung von beruflicher sowie sozialer Teilhabe leisten. Dazu braucht es Offenheit und Ausdauer bei allen Beteiligten und Organisationen, die sich als lernende und veränderungsbereite Organisationen selbst auf neue Wege in die Zukunft begeben.

Literatur

Boban, Ines: Moderation Persönlicher Zukunftsplanung in einem Unterstützerkreis –»You have to dance with the group!«, in: Zeitschrift für Inklusion (2007), H. 1, verfügbar unter http://www.inklusion-online.net/index.php/inklusion/article/view/6/6

Bros-Spähn, Bernadette: Melanies Unterstützerkreis – Erfahrungen aus fünf Jahren. In: Hinz, Andreas (Hg.): Schwere Mehrfachbehinderung und Integration – Herausforderungen, Erfahrungen, Perspektiven. Marburg 2007, 181- 187.

Doose, Stefan: »I want my dream!« Persönliche Zukunftsplanung. Neue Perspektiven einer individuellen Hilfeplanung mit Menschen mit Behinderungen. Broschüre mit Materialienteil. Hamburg 1996; 7. überarbeitete und erweiterte Auflage Kassel 2004. aktualisierter Text 2007a verfügbar unter http://bidok.uibk.ac.at/library/doose-zukunftsplanung.html

Doose, Stefan: Perspektiven integrativen Arbeitens für Menschen mit schwerer Mehrfachbehinderung. In: Hinz, Andreas (Hg.): Schwere Mehrfachbehinderung und Integration – Herausforderungen, Erfahrungen, Perspektiven. Marburg 2007b, 246-254.

Doose, Stefan: Unterstützte Beschäftigung: Berufliche Integration auf lange Sicht. 2. Aufl. Marburg 2007c.

Doose, Stefan; Emrich, Carolin; Göbel, Susanne: Käpt'n Life und seine Crew. Ein Planungsbuch zur Persönlichen Zukunftsplanung. Zeichnungen von Tanay Oral. Kassel 2004.

Ehler, Jens: Resümee meiner Zukunftskonferenz. In: Orientierung (2008), H. 1, 6-7.

Hamburger Arbeitsassistenz: talente. Ein Angebot zur Förderung von Frauen mit Lernschwierigkeiten im Prozess beruflicher Orientierung und Qualifizierung. Theoretische Grundlagen, Projektbeschreibung, Methoden, Materialien, Filme, Begleit-DVD. Hamburg: Hamburger Arbeitsassistenz 2008. Zu bestellen über: www.53grad-nord.com/medienversand.html

Hamburger Arbeitsassistenz: bEO – berufliche Erfahrung und Orientierung. Theoretische Grundlagen, Projektbeschreibung, Methoden, Materialien, Begleit-CD. Hamburg: Hamburger Arbeitsassistenz 2007. Zu bestellen über: www.53grad-nord.com/medienversand.html

Helen Sanderson Associates (Hg.): community connecting. 2008. Verfügbar unter http://helensandersonassociates.co.uk/PDFs/ccminibookfinal.pdf

Hömberg, Nina: Verständigungen über die Zukunft. Persönliche Zukunftsplanungen und Unterstützte Kommunikation In: von Loeper Literaturverlag und ISAAC - Gesellschaft für Unterstützte Kommunikation GSC e. V. (Hg.): Handbuch der Unterstützten Kommunikation 5. Nachlieferung (2008). Verfügbar unter: http://bidok.uibk.ac.at/library/hoemberg-verstaendigungen.html

Kluge, Mathias: Felix – die Zukunft beginnt in der Grundschule, die Planung auch. In: Hinz, Andreas (Hg.): Schwere Mehrfachbehinderung und Integration – Herausforderungen, Erfahrungen, Perspektiven. Marburg 2007, 188-194.

Mayer, Shevin: Communication Ally. In: O'Brien, Jon & O'Brien, Connie Lyle (Hg.): Implementing Person-Centred Planning. Voices of Experience. Toronto 2002.

Niedermair, Claudia & Tschann, Elisabeth: Kompetenzorientierte Planung im Spagat. In: Hinz, Andreas (Hrsg.): Schwere Mehrfachbehinderung und

Integration – Herausforderungen, Erfahrungen, Perspektiven. Marburg 2007, 168-172.

O'Brien, John, Pearpoint, Jack & Kahn, Lynda : *The PATH & MAPS Handbook. Person-Centred Ways to Build Community.* Toronto 2010.

Sanderson, Helen & Goodwin, Gill (Hg.): *Minibuch Personenzentriertes Denken. Deutsche Übersetzung Stefan Doose, Susanne Göbel, Oliver Koenig 2010.* Verfügbar unter: http://www.personcentredplanning.eu/files/hsa_minibook_pcp_german.pdf

Internetseite und Bestellung von Materialien: www.persoenliche-zukunftsplanung.de

Datum des Zugriffs aller Internetseiten: 21.8.2010

Feinwerk – Berufliche Bildung und Orientierung für Menschen mit schwerer Behinderung

Nadine Voß*

1. Die Grundidee

Feinwerk konnte als Idee und in der konkreten Umsetzung nur deshalb entstehen und wachsen, weil es viele Vordenker, Ideengeber und aktive Mitgestalter/innen für den Ansatz »Arbeit ist möglich« und für das Konzept »Feinwerk« bei Leben mit Behinderung Hamburg gab und gibt. Diese teilen miteinander die Grundüberzeugung, dass auch Menschen mit hohem Unterstützungsbedarf sinnvoll an Arbeit und damit in logischer Konsequenz an einer Berufsbildung teilnehmen können.

Die fachliche Beratung von Prof. Dr. Wolfgang Lamers und Dr. Karin Terfloth hat uns bei der Konzepterarbeitung und der Herstellung der Materialien sehr geholfen. So hoffen wir auch weiterhin mit Hochschulen und anderen fachlich interessierten Menschen gemeinsam die Bildungschancen von Menschen mit hohem Unterstützungsbedarf zu verbessern.

Jeder Mensch lernt ein Leben lang.
In Schule, Ausbildung, Studium, Fortbildungen und Weiterbildungen oder in Auseinandersetzung mit sich und der Umwelt.

Diese lebenslange Bildungsbedürftigkeit wird Menschen mit hohem Unterstützungsbedarf auch heute noch nicht zugestanden. In der Bundesrepublik Deutschland gibt es wenige Einrichtungen, die eine entsprechende nachschulische Bildung anbieten.

Berufliche Bildung kann nicht nur auf dem allgemeinen Arbeitsmarkt oder werkstattgebunden die Regel sein. Auch eine arbeitsweltbezogene Bildung in Tagesförderstätten, Förder- und Betreuungsbereichen sollte

---

* Mitwirkende an diesem Beitrag: Volker Benthien, Nicole Brüning, Imke Fogel, Yvonne Bauer, Tina Scherenberger, Angelika Ceh-Schaper und Dietmar Stellmacher

Feinwerk – Die Grundidee

selbstverständlich gegeben sein. Seit 1978 ist die Schulpflicht für jeden gesetzlich geregelt. Einen Anspruch auf nachschulische Bildung gibt es jedoch nicht.

Menschen mit hohem Unterstützungsbedarf erhalten aufgrund der Aufnahmekriterien der Werkstätten für behinderte Menschen (im Folgenden WfbM) meist keine Möglichkeit, in den Berufsbildungsbereich einer WfbM integriert zu werden. Da es andere Arbeitsmöglichkeiten für sie in der Regel nicht gibt, wird ihnen faktisch die Möglichkeit der Teilnahme an einer nachschulischen berufsbildenden Maßnahme verwehrt.

Leben mit Behinderung Hamburg hat in einem Modellprojekt mit finanzieller Unterstützung von Aktion Mensch und fachlicher Beratung durch den Berufsbildungsbereich der Elbe 5 Werkstatt in Hamburg-Altona eine zweijährige Berufsbildung für Menschen mit schwerer Behinderung entwickelt. Feinwerk hat im März 2010 im Rahmen der Werkstätten Messe in Nürnberg von der BAG:WfbM den »bildungspreis:excellent« erhalten.

Die berufsbildende Maßnahme Feinwerk ermöglicht es den Teilnehmern*, Menschen mit schwerer Behinderung, verschiedene Arbeitsbereiche auszuprobieren, in Lernprozessen die eigene Qualifikation zu verbessern und Grundlagen für eine selbstbestimmte Wahl ihres Arbeitsplatzes zu legen. Es wurden praxisnahe Materialien sowie standardisierte Arbeitsabläufe entwickelt.

Neben dem Beitrag in diesem Buch zeigt der Film: »Feinwerk – Berufsbildung für Menschen mit schweren Behinderungen *Ich habe einen Arbeitsplatz*« in leichter Sprache, wie die berufliche Bildung in der Praxis funktioniert. Gleichzeitig gibt der Film einen Eindruck von der Arbeit in Tagesförderstätten. Berufsbildung auch für Menschen mit hohem Unterstützungsbedarf zu ermöglichen, erfordert ein hohes Maß an Kreativität, Ideenreichtum und das Ausbalancieren von Möglichkeiten der Teilhabe an Bildung, an Arbeit und am Leben in der Gemeinschaft. Mit diesem

---

* Zur leichteren Lesbarkeit verwenden wir im gesamten Text die männliche Form. Gemeint sind regelmäßig Teilnehmerinnen und Teilnehmer.

Beitrag wollen wir Anregungen geben und Mut machen, neue Wege zu gehen.

Die Arbeit in Tagesstätten

Der Personenkreis umfasst Menschen mit geistiger Behinderung, auffälligem Verhalten, schweren Körperbehinderungen, Kommunikationsschwierigkeiten sowie psychischen Behinderungen. Es gibt keine Mindestanforderungen als Aufnahmekriterium, der hohe Hilfebedarf und der Ausschluss der Werkstattfähigkeit steht für den Kostenträger im Vordergrund. Die Altersspanne reicht von 17 Jahren bis zum Rentenalter oder im Einzelfall darüber hinaus. Die Fluktuation ist gering, da die meisten Menschen aufgrund ihres Unterstützungsbedarfes auch dauerhaft keine Perspektive der Aufnahme in eine WfbM haben und Alternativen für sie meist nicht existieren.

Der Lebensweg eines Menschen mit hohem Unterstützungsbedarf führt in der Regel an verschiedenen Sondereinrichtungen kaum vorbei. Stellt sich für jeden jungen Menschen nach Ende seiner Schulzeit die Frage nach seinen Interessen und Fähigkeiten, um dann eine entsprechende Ausbildung in einem Betrieb oder an einer weiterbildenden Institution zu beginnen, sehen die Auswahlmöglichkeiten für den genannten Personenkreis wesentlich eingeschränkter aus. Eine berufliche Ausbildungsmöglichkeit bietet sich meist nicht, denn auch die WfbM mit ihren Berufsbildungsbereichen haben Aufnahmekriterien, denen Menschen mit komplexem und hohem Unterstützungsbedarf nicht gerecht werden. Also suchen Schüler und ihre Eltern nach einem freien Platz in einer Fördergruppe oder nach einem Platz in einer Tagesförderstätte bzw. Tagesstätte (im Folgenden wird Tagesstätte synonym für Einrichtungen der Tagesförderung genutzt) im regionalen Umfeld.

Jeder arbeitet mit, nach seinen Fähigkeiten und Möglichkeiten, so lautet das Ziel unsrer Arbeit. Prof. Dr. Klaus Dörner vertritt die Ansicht, man solle Prozesse mit denjenigen beginnen, bei denen man die geringsten Teilhabemöglichkeiten erwarten kann. Mit diesem Leitgedanken begannen wir, jeden Menschen unabhängig von seinem oder ihrem Hilfebedarf, in den Arbeitsprozess einer Gruppe oder individuell einzubeziehen. Jeder Anteil am Arbeitsprozess wird wertgeschätzt und es wird regelmäßig überprüft, ob die Teilhabemöglichkeiten am Arbeitsleben verbessert werden können. Kein Teilnehmer wird aufgrund seines Unterstützungsbedarfes vom Arbeitsprozess ausgeschlossen.

Leben mit Behinderung Hamburg ist ein Zusammenschluss von über 1500 Eltern geistig und mehrfach behinderter Kinder, Jugendlicher und Erwachsener.

Die Tochtergesellschaft Leben mit Behinderung Hamburg Sozialeinrichtungen gGmbH steht mit Hausgemeinschaften, stadtteilintegrierten Wohngruppen, Tagesstätten und einer Vielzahl an ambulanten Angeboten Menschen mit Behinderung und deren Angehörigen zur Seite.

Leben mit Behinderung Hamburg betreibt acht Tagesstätten und ein Kunstatelier mit insgesamt über 200 Plätzen, verteilt auf das Hamburger Stadtgebiet. Die Einrichtungen haben eine Größe von 18-45 Plätzen, sie sind organisatorisch nicht an eine WfbM gebunden. Tagesstätten sind als teilstationäre Einrichtung rechtlich den Tagesförderstätten, Förder- und Beschäftigungsgruppen, oft unter dem Dach einer WfbM, gleichgestellt. Die Tagesstätten bieten tagsüber eine räumliche und inhaltliche Struktur neben dem Leben in der Familie oder in der Wohngruppe. Ein regelmäßiger zweiter Lebensraum gehört zur Normalität, wirkt der Isolation entgegen und bietet die Chance, weitere Kompetenzen zu entwickeln (s. Westecker, 2005).

Besonders für Menschen mit komplexem und hohem Hilfebedarf, die auf umfassende Unterstützung angewiesen und in ihren Erlebnis- und Wahrnehmungsfähigkeiten eingeschränkt sind, ist auch nach dem Schulbesuch ein zweiter Lebensraum von hoher Bedeutung. Hierzu gehört die Teilhabe am Arbeitsleben und am Leben in der Gesellschaft, inklusive Bildung und Angebote der Rehabilitation wie z.B. Krankengymnastik, Ergotherapie und Kommunikationsunterstützung. Hilfen im Bereich der

Grundversorgung wie Pflege oder Einnahme von Getränken und Mahlzeiten gehören ebenso selbstverständlich zum Alltag wie die Gestaltung arbeitsfreier Zeit.

Die Behindertenrechtskonvention der Vereinten Nationen (im folgenden BRK) spricht von der Verwirklichung der gleichberechtigten Teilhabe am Arbeitsleben. Das »Recht auf Bildung« (Art. 24 BRK) wird den ökonomischen, sozialen und kulturellen Rechten im Sinne von Art. 4 Abs 2 BRK zugeordnet, zu deren voller Verwirklichung der Vertragsstaat unter Ausschöpfung seiner verfügbaren Mittel verpflichtet ist. Menschen mit Behinderung wird das Recht auf Bildung zuerkannt und auch das Recht auf »lebenslanges Lernen« (Schumann, 2009). Diesen Rechtsanspruch zu verankern, umzusetzen und mit Leben zu füllen – innerhalb von Einrichtungen als auch in Form unterschiedlicher Angebote außerhalb von Einrichtungen – wird die Aufgabe der Zukunft sein. Die rechtlichen Grundlagen der Tagesstätte finden sich im Sozialgesetzbuch IX. Da keine Werkstattfähigkeit besteht, haben die Teilnehmer über diese Maßnahme keine Sozialversicherungspflicht und erwerben keinen Rentenanspruch. Gleichzeitig herrscht in Tagesstätten dadurch kein ökonomischer Druck, etwas herzustellen. Überschüsse werden kaum erzielt, da die Anzahl der hergestellten Produkte nicht sehr groß ist und Überschüsse kaum gewonnen werden können.

Die Zusammenarbeit mit Angehörigen und rechtlichen Betreuern ist sehr intensiv, da viele Menschen unterstützte Kommunikation benötigen und rechtliche Betreuung erhalten.

Es stellt sich die Frage, ob es sich bei Tagesstätten um einen Schonraum handelt, der dem besonderen Betreuungsbedarf von Menschen mit hohem Unterstützungsbedarf mit speziellen Angeboten gerecht wird oder ob diese Institutionen dem Weg der Integration und der Inklusion entgegenstehen – eine notwendige Diskussion, die an vielen Orten der Republik lebhaft und kontrovers geführt wird.

Feinwerk – Die Grundidee

Prof. Dr. Reinhard Lelgemann spricht von der Notwendigkeit, eine Vielfalt an Angeboten bereitzustellen und fordert seit etlichen Jahren, für Schüler mit körperlichem, mehrfachem oder komplexem Förder- bzw. Unterstützungsbedarf integrative Bildungsangebote zu realisieren (Lelgemann 2010, S. 15-19). Weiter beschreibt er die gegenwärtige Situation, in der: »eine Bildungspolitik, die Inklusion und Wahlfreiheit fordert, zum Teil auch eröffnet, ohne aber zu bedenken, dass eine vor allem leistungs- bzw. abschlussorientierte Bildungspolitik gleichzeitig die Grundlagen einer individualisierenden Pädagogik zerstört, die allein unterschiedlichen Kindern differenzierte Lernangebote eröffnen könnte« (Lelgemann 2010, S. 20-21).

Es bleibt festzuhalten, dass die Chancen für einen Menschen mit hohem Unterstützungsbedarf auf einen Ausbildungsplatz in einer WfbM oder einem anderen Betrieb in den meisten Bundesländern verschwindend gering sind. Auch die Aussicht auf einen Arbeitsplatz, der seinen Interessen und Fähigkeiten weitgehend entspricht, ist entsprechend gering.

Allerdings haben in der letzten Zeit Veränderungen stattgefunden, die Hoffnung machen. In den Tagesstätten setzt sich die Erkenntnis durch, dass Menschen mit hohem Unterstützungsbedarf einen Anspruch darauf haben, ein Arbeitsangebot zu erhalten, das ihren Fähigkeiten und Interessen entgegenkommt und ihnen die Möglichkeit bietet, mit dem Ausdruck ihres Leistungsvermögen, einem Produkt oder einer Dienstleistung, nach außen zu treten.

Die Arbeit strukturiert den Tag und ist ein wichtiges Mittel, um am gesellschaftlichen Leben teilzunehmen, soziale Anerkennung zu erfahren und das Selbstwertgefühl auf- und auszubauen. Nach dem Tagesstätten-Konzept von Leben mit Behinderung Hamburg sind »sowohl Lohnarbeit als auch ehrenamtliche Tätigkeiten« von Bedeutung für den Menschen, sie »können Sicherheit bedeuten und helfen, die eigene Kreativität auszuleben und etwas Nützliches zu tun« (LmbH 2009, S. 7).

Unter Arbeit ist eine sinnvolle, zielgerichtete Tätigkeit zu verstehen, die auf die Erstellung von Gütern oder Dienstleistungen abzielt.

- Bei dieser Tätigkeit tritt der Mensch in Interaktion mit anderen Menschen und mit (technischen) Hilfsmitteln.
- Durch Arbeit wird die Zeit erfahrbar, ein Wechsel zwischen Arbeitszeit und arbeitsfreier Zeit, zwischen Urlaub und Arbeitstag wird erlebt.
- Der soziale Horizont erweitert sich, da Kontakte über das Wohnumfeld und die Familie hinaus entstehen.
- Durch die Mitverantwortung und Beteiligung an der Herstellung eines Produktes oder einer Dienstleistung ist eine Beteiligung an kollektiven Zielen erlebbar.
- Durch die Beteiligung an dem Arbeitsprozess ändert sich der soziale Status und wirkt identitätsbildend.
- Arbeit zwingt uns mit ihren Anforderungen zur Aktivität. Der Wechsel zwischen Spannung und Entspannung wird erlebbar.
- In das Produkt oder die Dienstleistung fließt die Arbeitsleistung der Beteiligten ein und kristallisiert sich in einem verwertbaren Ergebnis.

Theunissen (1993) beschreibt Arbeit als geplante, werkzeuggebrauchende Tätigkeit, die auf ein Ergebnis (Produkt) ausgerichtet ist. Die jeweiligen Arbeitsbereiche in einer Tagesstätte strukturieren, neben den Mahlzeiten und pflegerischen Aktivitäten, den Alltag; das gemeinsame Tätigsein steht im Vordergrund. Es werden Produkte entwickelt, die kleinteilig in einfache Arbeitsschritte aufgegliedert werden können. Oberstes Ziel ist die möglichst umfassende Beteiligung der Teilnehmer an der Herstellung. Die Assistenzleistungen, die die Beteiligung der Teilnehmer oft erst ermöglichen, sind hier sehr kreativ und vielseitig. Die Beteiligungen und Assistenzleistungen werden immer wieder neu auf ihre Wirksamkeit geprüft. Dabei gilt der Grundsatz: so viel Unterstützungsleistung wie nötig, so wenig Hilfestellung wie möglich. Die Produkte sollen qualitativ gut sein, so dass sie sich auf Märkten gut verkaufen lassen.

Arbeit findet nicht isoliert statt, sondern meist gemeinsam in einer

Gruppe. Der Arbeitsprozess kann so gegliedert werden, dass jedes Gruppenmitglied ein Arbeitsangebot erhält, das seinen Fähigkeiten und Neigungen entspricht, und es damit seinen Arbeitsanteil in den Fertigungsablauf der Gruppe einbringen kann. Neben den Arbeitsangeboten in der jeweiligen Arbeitsgruppe bieten sich Tätigkeiten an, die einen Servicecharakter haben und für die Einrichtung oder andere Personen von Wichtigkeit sind.

Die tägliche Post
Krzysztof Wolski (Namen sind hier und im gesamten Text geändert) ist in der Holzwerkstatt beschäftigt. Aufgrund seiner Beeinträchtigung ist er auf umfassende Hilfe in allen Lebensbereichen und auch im Bereich der Arbeitsangebote angewiesen. Es wurden verschiedene Tätigkeiten im Zusammenhang mit den anfallenden Arbeiten in der Holzgruppe angeboten und mit Handführung gemeinsam durchgeführt. Jedoch gelang es nicht, die Aufmerksamkeit von Herrn Wolski auf die Arbeit zu richten. Eine neue Idee brachte eine Veränderung mit sich: der tägliche Gang zum Briefkasten wurde zu seiner regelmäßigen Beschäftigung. An dem Rollstuhl wird der Therapietisch befestigt, er bekommt am Briefkasten die Post gereicht, die er festhält und im Büro der Leitung übergibt. Mittlerweile nimmt er bei der Übergabe den Blickkontakt auf und löst auf Ansprache die Finger von den Briefen. Der Dank wird von ihm mit einem Lächeln quittiert.

Die Gruppenmitglieder lernen durch das gemeinsame Tun, durch Angebote, die wir regelhaft vorhalten. Durch die verschiedenen Arbeitsbereiche und ergänzenden Angebote werden Lernfelder eröffnet. Es werden motivierende Impulse zur Teilnahme und zum Antrieb gegeben, so dass Interaktion entstehen kann. Ein Morgenkreis mit der gesamten Tagesstätte gestaltet den Informationsaustausch und dient dem geselligen Miteinander. Der Morgenkreis bietet als wesentliches Element im Tagesablauf die Möglichkeit, zu Beginn des Arbeitstages die Gesamtheit der Mitarbeiterschaft des Hauses wahrzunehmen, zu erfahren, was an Aktivitäten geplant ist, andere zu erleben und sich als Person einzugeben.

Jeder Morgenkreis hat seine Eigenheiten und unterschiedlichsten Ausprägungen. Allen gemein sind lebendige kreative Anteile wie Gesang, Klavier, Gitarre, Klatschen, die Weitergabe von Informationen z.b. über geplante Aktivitäten, das Feiern von Geburtstagen und anderen Anlässen. Alle haben ihren Platz, werden vermisst, wenn sie fehlten, werden mit ihren Aktivitäten an dem Tag gesehen oder mit ihren persönlichen Festen wie Geburtstagen oder Jubiläen gewürdigt und nehmen Anteil an den anderen.

Berufliche Bildung möglich machen!

Junge Menschen mit hohem Unterstützungsbedarf werden in Hamburg in der Regel auch nach der Schulzeit umfassend und fachlich kompetent betreut, wenn sie in Tagesstätten aufgenommen werden. Oftmals erhalten sie unterschiedlichste Arbeitsangebote, die an ihren Interessen und ihren Fähigkeiten ausgerichtet sind. Ein berufsbildendes Angebot bleibt ihnen in der Regel jedoch versagt.

Diese Lücke versucht Feinwerk zu schließen.

Feinwerk startet direkt nach der Schulzeit mit Eintritt in eine Tagesstätte. Feinwerk bereitet auf das zukünftige Arbeitsleben vor und bietet handlungsorientierte und bildungsbegleitende Tätigkeiten. Das Ziel von Feinwerk ist es, Lernpotenziale sowie Fähig- und Fertigkeiten jedes Menschen herauszufinden und zu stärken. Persönliche sowie berufliche Perspektiven werden entwickelt. In einem Lehr- und Arbeitsplan werden die Ziele, Inhalte und Maßnahmen zur Durchführung der Berufsbildung geplant und dokumentiert. So wird eine abgestimmte und zielgerichtete Durchführung möglich.

Die Teilnehmer von Feinwerk sind in einer Tagesstätte fest integriert.

Feinwerk erstreckt sich über zwei Jahre und startet mit einer Orientierungsphase in einer Arbeitsgruppe. Die Teilnehmer lernen im Laufe dieser zwei Jahre verschiedene Arbeitsbereiche kennen. In Lernprozessen werden die eigenen Qualifikationen verbessert und die Grundlagen für eine selbstbestimmte Wahl des Arbeitsplatzes innerhalb der Tagesstätte oder in einer anderen Einrichtung gelegt. Durch Hospitationen oder Praktika in anderen Gruppen, Tagesstätten oder Werkstätten können weitere Arbeitsinhalte kennengelernt werden.

Der Berufsbildung Feinwerk liegt ein humanistisches Menschenbild zugrunde: der Mensch wird als eine ganzheitliche Persönlichkeit wahrgenommen, die nach Autonomie, Selbstverwirklichung, Zufriedenheit, Integration von Neuem und nach Sinnhaftigkeit des Erlebens strebt, sich mit der Umwelt auseinandersetzt und soziale Kontakte herstellen möchte. Alle Menschen lernen ein Leben lang, darum wird jeder Menschen als bildungsbedürftig und wissbegierig angesehen.

Die Planung und der Verlauf von Feinwerk berücksichtigt die individuelle Bewegungs-, Handlungs- und Wahrnehmungsfähigkeit, die kognitive, sprachliche, kommunikative sowie die soziale und emotionale Entwicklung des Menschen mit hohem Hilfebedarf. Feinwerk bietet also einen Personenzentrierten Ansatz, der eine Ist-Stand-Analyse vornimmt und die Planung des Verlaufes auf jeden einzelnen Teilnehmer abstimmt.

Während des gesamten Verlaufes bleibt die Koordination in der Hand eines Bezugsbetreuers, der den Kontakt zum Teilnehmer, seinen Angehörigen und den anderen Fachkräften hält.

Die Anleitung in den Arbeitsgruppen übernehmen Fachkräfte und Assistenzkräfte.

Für Feinwerk wurde eine Methodenvielfalt ausgewählt und selbst entwickelt, die den Fachkräften als Handwerkszeug dienen soll. Es handelt sich um unterschiedliche Handlungsmuster, Gestaltung von Einstiegen in Arbeits- oder Bildungsprozesse, Variabilität von Verläufen und Arbeitsanbahnungen, Angebote zur Motivation, den Einsatz von arbeitsunterstützenden Geräten als Aufhänger, Ideengeber und Bewegungsförderer. Ergänzend zu den Angeboten im direkten Arbeitszusammenhang erhal-

ten die Teilnehmer unterstützende Angebote der Rehabilitation wie Ergotherapie, Krankengymnastik, Musiktherapie, Logopädie, Basale Stimulation, Hilfen zur Kommunikation sowie zur Gestaltung der arbeitsfreien Zeit. Es ist das Ziel, Übergänge zu einem Arbeitsplatz in einer Werkstatt zu erleichtern und Tätigkeiten außerhalb der Tagesstätte zu ermöglichen (s. LmbH 2009, S. 10).

2. Verlaufsphasen

STRUKTUR VON FEINWERK

0-6 Monate	7-18 Monate	19-24 Monate	25-27 Monate
Orientierungsphase	Arbeits- und Bildungsphase	Vertiefungsphase	Abschlussphase
Fähigkeitsanalyse 1 x Diagnostik			Im Unterstützergespräch eine Zielperspektive entwickeln
Einen Arbeitsbereich kennenlernen	Zwei weitere Arbeitsbereiche kennenlernen	Praktikum oder Hospitation in anderer Einrichtung oder Betrieb;	Vertiefungsphase
Beobachtung schriftlich festhalten	fortlaufend	fortlaufend	Auswertung und im Begleitbuch festhalten
Anlegen eines Begleitbuches und -kastens	Individuelle Fotodokumentationen und Erlebnisbeschreibung, Materialien in Kasten deponieren	fortlaufend	Fertigstellung und Mitgabe
Dokumentationsmappe anlegen	Dokumentationsmappe führen	fortlaufend	Auswertung und im Begleitbuch festhalten

Fachspezifische Module (Heranführung an einzelne Arbeitsschritte oder Bereiche)	fortlaufend	fortlaufend	Auswertung und im Begleitbuch festhalten
Berufsorientierungsplan erstellen	Überprüfung in Monat 12	Überprüfung in Monat 19	Auswertung, Zukunftsplanung im Unterstützerkreis und im Begleitbuch festhalten
Lernziele festlegen, Bildungsanteile planen und umsetzen	Durchführung der Bildungseinheiten, mindestens einen Bildungsausflug Fortlaufende Anpassung der Lernziele	fortlaufend	Auswertung und im Begleitbuch festhalten

Fähigkeiten und Wünsche feststellen

In der ersten Phase von Feinwerk, der Orientierungs- und Eingewöhnungsphase werden eine *Fähigkeitsanalyse* und eine Diagnostik durchgeführt. Die Fähigkeitsanalyse umfasst die wesentlichen lern- und entwicklungsfördernden bzw. -hemmenden Faktoren. Sie ist Teil der Erfassung eines Ist-Standes, in der die individuellen Fähigkeiten und Kompetenzen eines Teilnehmers für die verschiedenen Qualifikationsbereiche eingeschätzt werden.

Im Sinne eines Empowerment-Ansatzes hilft die Fähigkeitsanalyse die Potenziale der Teilnehmer zu erkennen und daraus realistische Ziele abzuleiten. Die Fähigkeitsanalyse ist nicht als eine abschließende Einschätzung zu verstehen, sondern als eine Hinführung zu einer umfassenderen Einschätzung einer Person. Die Fähigkeitsanalyse gibt damit Anknüpfungspunkte für den Berufsorientierungsplan.

Im Zuge der *Diagnostik* werden mit Hilfe eines Aufnahmefragebogens und in Gesprächen die Teilnehmer, ihre Angehörigen sowie Lehrer oder Therapeuten intensiv befragt, um eine gute Grundlage für die ersten Arbeitsangebote zu haben. Folgende Bereiche werden abgefragt;
- Personalien
- Familiäre Bezüge

- Medizinische Anamnese mit Angaben zur Behinderung und erfolgten Therapien
- Biografie, insbesondere schulischer und beruflicher Werdegang
- Offene Fragen zur persönlichen Einschätzung, zu eigenen Interessen und Fähigkeiten sowie zu persönlichen Wünschen
- Offene Fragen zu Träumen und Zielen
- Offene Fragen zu Stärken und Fähigkeiten
- Offene Fragen zur Motivation, arbeiten zu wollen

Grundlage der Berufsbildung ist ein *Rahmenplan*. Dieser beschreibt die zu vermittelnden Kenntnisse sowie die Art und Weise der Vermittlung. Folgende Kenntnisse werden beispielhaft im Rahmenplan berücksichtigt:
- *Die Entwicklung lebenspraktischen und arbeitsrelevanten Verhaltens;*
- *Kennenlernen der anderen Beschäftigten, Fachkräfte und Assistenzkräfte;*
- *Lebenspraktische Fertigkeiten;*
- *Heranführung an Gruppenprozesse, Gruppenregeln;*
- *Umgang mit anderen, soziale Kontakte, vertrauensbildende Maßnahmen;*
- *Einbeziehung von Angehörigen, Betreuern und Wohnheimmitarbeitern;*
- *Kommunikation, Art der Verständigung;*
- *Selbstständigkeit im Umgang mit Kleidung, Körperhygiene und Körperpflege.*

Es erfolgt eine Vorgabe zur zeitlichen Einordnung, an der sich orientiert werden kann, diese wiederum ist an die Verlaufsphasen wie oben beschrieben geknüpft.

Ein *Lehrplan* hält allgemeine methodische und didaktische Ziele fest. Im Lehrplan werden Arbeitsbereiche und deren Aufschlüsselung durch fachspezifische Module beschrieben. Außerdem werden die verschiedenen Qualifikationsbereiche definiert und die Schlüsselqualifikationen hervorgehoben. Vor diesem Hintergrund erfolgt die Auswahl von konkreten Arbeitsinhalten. Auf den Lehrplan wird im späteren Verlauf erneut eingegangen.

Auf Grundlage der Fragebögen und der Gespräche wird ein individueller *Berufsorientierungsplan* erstellt, der sich am Rahmenplan und am Lehrplan ausrichtet. Im Berufsorientierungsplan werden die Inhalte und Ziele der Berufsorientierung für die nächsten 18 Monate formuliert und ausgestaltet. Der Ist-Stand wird erhoben und der Verlauf wird mit Zeitvorgaben und Zuständigkeiten festgelegt. Die endgültige Fertigstellung des Berufsorientierungsplanes erfolgt immer in einem Team und in Absprache mit der Leitung. Gesetzliche Betreuer, Eltern, Angehörige und die Wohneinrichtung werden über die Durchführung eines Berufsorientierungsplans informiert und es kann eine Vertretungs- oder Vertrauensperson hinzugezogen werden, wenn es hierfür einen Bedarf gibt bzw. der Teilnehmer es wünscht. Die gemeinsame Erarbeitung mit einem Unterstützerkreis, der zu einem Termin eingeladen wird, ist möglich. Ein Unterstützerkreis besteht, im Sinne der persönlichen Zukunftsplanung (siehe auch Beitrag von Stefan Doose in diesem Buch) aus Menschen, die dem Teilnehmer unterschiedlich nahestehen. Dies können Eltern, Angehörige, Bekannte, Behördenmitarbeiter, Freiwillige, Nachbarn, Kollegen, Fachkräfte, Kinder (Nichten, Neffen) o.a. sein. Bei diesem Treffen können alle ihre positiven Ideen zu dem beruflichen Werdegang der im Mittelpunkt stehenden Person einbringen. Die Arbeit im Unterstützerkreis wird von der zuständigen Fachkraft geplant und organisiert. Die Nutzung der Unterstützerkreise eröffnet neue Wege, die Zukunft und berufliche Entwicklung für den Teilnehmer gut zu planen und verschiedene Ebenen mit einzubeziehen, die insgesamt ein objektiveres Bild entstehen lassen, weil verschiedene Sichtweisen zusammengeführt werden. Der Berufsorientierungsplan wird im Rahmen der Orientierungsphase einmal komplett erstellt und es gibt anschließend zwei Überprüfungstermine, die festgelegt werden. Die Auswertung erfolgt in den letzten drei Monaten der Berufsbildung. Jegliche Veränderungen zum Beispiel an Arbeitstätigkeiten oder Projekten werden mit einbezogen und bei den Überprüfungen schriftlich festgehalten.

Heranführung an Arbeit

Nach der Aufnahme in eine Tagesstätte und der Fähigkeitsanalyse werden erste Schritte zur Heranführung in die Arbeitswelt begonnen. Auf der Grundlage der Diagnostik und des beobachteten Verhaltens bzw. der Fähigkeiten und Wünsche wird ein passender erster Arbeitsbereich ausgewählt. Folgendes Beispiel schildert die Erfahrung von Herrn Büttner.

Ein Weg in die Arbeitswelt

Herr Büttner ist ein Mensch mit hohem Unterstützungsbedarf. Er bewegt sich in seiner eigenen Welt, beschäftigt sich mit verschiedenen Gegenständen, an denen er sehr hängt und die er mit unnachahmlichem Geschick zwischen seinen Händen kreiselt. In unruhigen Momenten schlägt er mit dem Kopf gegen Wände oder mit seinen Schneidezähnen auf den Boden. Herr Büttner hat eine schwere geistige Behinderung und lebt im Hier und Jetzt, Gedanken um seine Zukunft haben da keinen Platz. Umso mehr in den Köpfen seiner Eltern. Sie waren froh, als sich nach Ende der Schulzeit ein Platz in einer nahe gelegenen Tagesstätte anbot. Dort werden in drei Gruppen vorwiegend kunsthandwerkliche Produkte hergestellt, u.a. werden Kerzen gezogen und gegossen. Herr Büttner bekam in dieser Gruppe einen Arbeitsplatz. Aber der Ort, an dem er sich über Wochen aufhielt, war zunächst der lange Flur, auf dem er gern hin und her lief. Herr Büttner mag nach Aussage der ehemaligen Klassenlehrerin das Malen mit Handmalfarben. Mit diesem Angebot konnte Herr Büttner an die Gruppe herangeführt werden und er akzeptierte diesen Raum zunehmend als seinen täglichen Aufenthaltsort. Herr Büttner ist ein ausgesprochen beweglicher Mensch. Das stellte sich auf der Busfahrt zur Tagesstätte immer wieder als Problem heraus, wenn er sich nach Belieben aus den unterschiedlichsten Befestigungsgurtsystemen herausschlängelte und während der Fahrt durch den Bus tänzelte. Mit anderen

Worten, wenn Herr Büttner etwas nicht möchte, findet er Wege, um sich dem zu entziehen. Denn mit Worten Nein sagen, das kann er nicht.

Als die Mitarbeiter ihn an die Arbeit heranführen wollten, war viel Geduld und Beharrlichkeit erforderlich. Die Versuche verliefen über viele Monate erfolglos. Aber irgendwann war Herr Büttner bereit, aufzustehen, sich an den Tisch zu setzen und mit Handführung seine erste Kerze zu gießen. Und das war sein Tagewerk: eine gegossene Kerze, wenn es ein guter Tag war. Und eines Tage blieb Herr Büttner nach dem Gießen der einen Kerze sitzen, wartete und goss dann eine zweite Kerze. Mittlerweile steht Herr Büttner im Laufe des Tages wie beiläufig am Arbeitstisch und gibt damit zu verstehen, dass er bereit ist zu arbeiten.

In diesem Beispiel wird nicht nur der notwendige lange Atem deutlich, den die beteiligten Fach- und Assistenzkräfte benötigen, sondern auch die Notwendigkeit der sorgfältigen Beobachtung und von intensiven Aufnahmegesprächen.

Die Angebote zur Beteiligung am Arbeitsprozess werden mit einer gewissen Beharrlichkeit unterbreitet. Die Hinführung an Arbeit erfordert ein Ausprobieren verschiedener Wege und das Eingehen auf die individuellen Bedürfnisse der Teilnehmer, wie auch das folgende Beispiel zeigt:

Aufräumen

Frau Anne Kühne ist in der Kreativgruppe einer Tagesstätte.

Frau Kühne ist eine eher ruhige Person. Sie liegt gerne auf dem Sofa oder im Sitzsack, schaut sich das Gruppengeschehen an, nascht sehr gern und ist im Allgemeinen dem Essen nicht abgeneigt. Sie nimmt keinen Kontakt zu anderen Gruppenmitgliedern auf. Am Arbeitsprozess hat Frau Kühne widerwillig und unter Protest teilgenommen. Dementsprechend kurz waren ihre Arbeitsphasen, in denen sie den Wachskocher mit Wachs befüllt.

Hierbei zeigt sie oft unruhiges und desinteressiertes Verhalten und die Mitarbeiter haben sie schwer motivieren können weiterzumachen.

Aus der Fähigkeitsanalyse ging hervor, dass Frau Kühne neben dem allgemeinen strukturierten Ablauf häufig nicht zu wissen schien, was wann passiert. Also wurde für sie ein fester eigener Tagesplan erstellt.

Die Fachkräfte der Arbeitsgruppe haben im Wechsel mit Frau Kühne gearbeitet. Deshalb erfolgt eine genaue Abstimmung im Team, damit der vereinbarte Tagesablauf eingehalten wird und sich das Vorgehen einheitlich gestaltet.

Es wurde begleitend die Fragestellung verfolgt, wie es gelingen kann, Frau Kühne an eine Tätigkeit heranzuführen? Daraus entwickelte sich das Lernziel für Frau Kühne, Gegenstände von a nach b zu legen, ohne diese abrupt fallen zu lassen oder die Arbeit vorzeitig zu beenden. Es wurde täglich mit zunächst wenigen einzelnen Gegenständen geübt. In der Folge erweiterte sich die

Tätigkeit dahingehend, dass Frau Kühne die Arbeitsutensilien von a nach b wegräumte und auch den Tisch nach dem Mittagessen abdeckte.

Die Art und Weise der Anleitung wurde detailliert beschrieben und im Team diskutiert.

Nach und nach fand Frau Kühne Interesse an dem Wegräumen/Abräumen. Sie erfuhr die Anerkennung ihrer Kollegen. Häufig fielen Sätze wie: »Gut gemacht, es ist schön, dass du aufgeräumt hast.« So bekam die Aufgabe einen Sinn.

Die Zeit der Durchführung betrug vier Monate und ohne die detaillierte Absprache unter den Kollegen und ihrer Beharrlichkeit in Verbindung mit Empathie wäre der Erfolg ausgeblieben, Frau Kühne mit einem Arbeitsangebot vertraut zu machen. Die Stimmung in der gesamten Gruppe ist entspannter geworden, seit Frau Kühne zufriedener mit ihrem Tagewerk ist.

Heranführung an wechselnde Arbeiten

Es sind verschiedene Modellarten erarbeitet worden, wie ein Kennenlernen und ein Wechsel verschiedener Tätigkeiten und Arbeitsbereiche vonstattengehen kann. Jede Tagesstätte verfügt über mehrere Arbeitsbereiche. Diese werden individuell abgestimmt durchlaufen. Das Zielmodell sieht vor, alle sechs Monate einen neuen Arbeitsbereich kennenzulernen. Ein Teilnehmer kann nach sechs Monaten die Arbeitsgruppe wechseln oder nur zu bestimmten Zeiten in einem anderen Arbeitsbereich mitarbeiten.

Durch den langjährigen Ausbau von Arbeitsangeboten für Menschen mit hohem Unterstützungsbedarf ist eine große Vielzahl von Arbeitsmöglichkeiten in den Tagesstätten von Leben mit Behinderung Hamburg entstanden. Arbeitsbereiche, die sich in der Praxis bewährt haben, finden sich im kunsthandwerklichen Zusammenhang, im Rahmen von Kunstateliers und in unterschiedlichen Serviceangeboten. Hier lassen sich Arbeitsangebote gestalten, die überschaubar sind und sich in kleinste Arbeitsschritte aufgliedern lassen. Es entstehen Produkte, die von hoher Qualität sind, sich gut vermarkten lassen und an deren Herstellung die Teilnehmer einen wesentlichen Anteil haben. Auf dieser Grundlage ist eine sinnstiftende Beschäftigung möglich, die alle Teilnehmer motiviert und in einem ernsthaften Arbeitsprozess verbindet.

Ziel von Feinwerk ist es, den Teilnehmern die Möglichkeit zu eröffnen, verschiedene Arbeitsbereiche kennenzulernen, mitzuarbeiten und aufgrund der eigenen Erfahrungen schließlich eine Entscheidung über das künftige Arbeitsfeld zu treffen. Lerninhalte sind im Bereich der Arbeitsprozessqualifikation in folgenden Arbeitsbereichen entwickelt worden:

Herstellung von Kerzen: Es werden Kerzen im Gieß- oder Ziehverfahren in verschiedenen Formen, Farben und Größen hergestellt.

Bearbeitung von Wolle: Schafswolle wird vom Schäfer geholt, in der Arbeitsgruppe gewaschen, gekämmt, gefärbt und zu Wollvlies verarbeitet.

Künstlerische Tätigkeiten: Es werden Bilder gemalt oder Skulpturen hergestellt.

Feinwerk – Verlaufsphasen

Hauswirtschaftliche Tätigkeiten inklusive Wäschepflege, und Serviceleistungen: z.B. Kaffee mahlen, Mahlzeiten zubereiten oder einkaufen gehen, Abwaschen, Waschmaschine und Trockner bedienen, Wäsche sortieren, legen und verteilen.
Lebensmittelverarbeitung: Marmeladen, Quiche, Pizza, Kuchen, Kekse Sirup, Chutneys.

Papierherstellung: Es wird aus Altpapier neues Papier hergestellt.
Papierverarbeitung: Schreibblöcke, Hefte, Lesezeichen, Tischsets, Postkarten, Geschenkpapier, Verpackungen, Streichholzschachteln bekleben.

Bearbeitung von Holz: Herstellung von verschiedenen Holzprodukten in überwiegend handmaschineller Form, z.B. Bilderrahmen, Pinnwände, Vogelhäuser, Spielzeug.

Bearbeitung von Textilien: Es werden Kissenbezüge genäht und mit Inlays oder Kirschkernen gefüllt, es wird nass und trocken gefilzt für die Herstellung von Taschen, Mützen, Sets und weiteren Dekorationsartikeln.

Im Rahmen von Feinwerk wird angestrebt, komplette Arbeitsabläufe oder Teile hieraus zu erlernen. Für die Nachvollziehbarkeit und Überschaubarkeit von Arbeitsbereichen mit deren untergliederten Arbeitsschritten sind Arbeitspläne entwickelt worden. Diese Arbeitspläne (fachspezifische Module) in Schrift- und Bildform zeigen die einzelnen Arbeitsschritte der Reihe nach, bis das Produkt fertiggestellt ist.

Zu den Arbeitsbereichen gehört auch die Teilhabe an Arbeit außerhalb der Tagesstätte. Beispielsweise wird gelernt, die Zeitung im Stadtteil zu verteilen, oder an einem Theaterprojekt teilzunehmen. Es werden Projekte übergreifend angeboten, die in der Tagesstätte ansonsten nicht als Arbeitsbereich vorkommen. Durch Hospitationen und Praktika in anderen Tagesstätten oder WfbM können weitere Arbeitsbereiche kennengelernt werden. Eine Hospitation in einer WfbM kann auch erfolgen, wenn zum derzeitigen Zeitpunkt kein Wechsel in eine Werkstatt in Betracht gezogen werden kann.

Suche nach individueller Teilhabe an Arbeitsangeboten

Die Suche nach individuellen Möglichkeiten der Beteiligung ist immer ein Prozess, der aus verschiedenen Phasen besteht, die sich wiederholen oder deren Folge sich verändert.

- Dem Impuls des Teilnehmers, sich dem Arbeitsangebot anzunähern;,

Feinwerk – Verlaufsphasen

- vorhandenen aktiven oder angeleiteten Bewegungen,
- dem Vorgeben von Bewegungsabläufen
- und dem gemeinsamen Ausführen der Tätigkeit bzw. der Bewegung.

Die methodische Vorgehensweise ist ausgesprochen vielseitig. Ausgehend von den Möglichkeiten der Teilnehmer wird ein Arbeitsschritt erklärt, vorgemacht oder durch gemeinsames Handeln im intensiven Miteinander bis hin zu Handführung eingeübt. Durch das Vormachen entwickelt sich die Nachahmung, die regelhafte Wiederholung führt zur Routine und durch das gemeinsame Wirken mit der Fachkraft und den Beschäftigten in der Gruppe entstehen Anregungen und Motivation. Es entsteht eine Interaktion zwischen Teilnehmern und Fachkräften, wie das folgende Beispiel zeigt:

Zurück in die Gruppe

Sabine Groß kann Texte lesen und über eine spezielle Vorrichtung in den PC eingeben. Sie ist in einer Kerzenwerkstatt einer Tagesstätte, wurde aufgrund ihrer Fähigkeiten und Vorkenntnisse sowie ihrer starken körperlichen Beeinträchtigung mit Schreibarbeiten beschäftigt. Sie hatte in ihrer Gruppe einen besonderen Arbeitsplatz, an dem sie lange gern und mit der notwendigen Ruhe arbeiten konnte, der sie aber von den anderen trennte und eine gemeinsame Tätigkeit verhinderte. Frau Groß gab vor einiger Zeit zu verstehen, dass auch sie an der Produktion der Kerzen beteiligt sein wolle. Die Fachkräfte der Gruppe überlegten mit ihr gemeinsam, an welchem Teil des Produktionsablaufes sie beteiligt werden könnte. Die Entscheidung fiel auf das Schneiden von Wachsplatten. Schnell wurde den Beteiligten deutlich, dass ein Arbeitsanteil nur mit umfassender Hilfestellung durch die Fachkräfte zu ermöglichen wäre oder aber ein arbeitsunterstützendes Hilfsmittel gefunden werden müsste. Gemeinsam mit Spezialisten wurde die Idee eines Gerätes entwickelt, konkretisiert und

angefertigt. Das Gerät wurde genau auf die Bewegungsvorgaben von Frau Groß abgestimmt und daran angepasst. Inzwischen kann Frau Groß das Wachsschneidegerät gut bedienen. Es ist gelungen, ihr eine neue Qualifizierungsmöglichkeit zu bieten, die zurzeit deutlichen Vorrang vor der bisherigen Tätigkeit am Computer hat. Ihre Arbeitszufriedenheit konnte gesteigert werden und sie ist besser in den Arbeitsprozess der Gruppe integriert.

Die Teilnehmer zeigen uns mit ihren individuellen Möglichkeiten, wie und was sie arbeiten möchten, ob sie mit dem Arbeitsangebot und der Art der Unterstützung einverstanden sind oder auch ob der Wunsch nach einem anderen Arbeitsinhalt existiert. Sollten sie es nicht direkt benennen können, gilt es, nach Hinweisen in dem Verhalten der Teilnehmer zu suchen, die von den Fachkräften zu deuten sind. Ohne ein hohes Maß an Einfühlungsvermögen, Beobachtungsgabe und Fantasie seitens der Fachkräfte ist dies nicht möglich.

Bei der Durchführung von gemeinsamen Bewegungsabläufen wird eine reine Fremdbestimmung vermieden. Fremdbestimmung meint hier, wenn die durchgeführte Bewegung von den Fachkräften vollkommen über- oder abgenommen wird, ohne dass eine Veränderung des Verhaltens zu spüren ist und die Teilnehmer keinerlei Bezug zur Arbeit herstellen oder Muskelspannkraft einbringen können.

Die Einführung neuer Arbeitsschritte erfordert immer Übung, Wiederholung und Ausdauer, sowie Kontinuität. So kann das Erlernen einzelner Arbeitsschritte im Einzelfall mehrere Jahre dauern.

Vier-Schritte-Pizza

Walter Soost zeigt durch seine Entwicklung und den Verlauf von Feinwerk, wie es aufgrund der vielseitigen Erprobung in der Praxis und Beobachtung, durch die fachspezifischen Module sowie die Dokumentation zu einer ganzheitlichen Einschätzung in Bezug auf seine Entwicklungsmöglichkeiten gekommen ist.

Herr Soost ist erst einige Monate in der Koch- und Backgruppe einer Tagesstätte. Die Arbeitsschwerpunkte sind die Herstellung von Kuchen, das Kochen von Mittagsgerichten (Pizza, Quiche, Auflauf, Lasagne) und die Marmeladen-Herstellung. In der Gruppe sind neun Teilnehmer beschäftigt.

Die ersten Monate wurde Herr Soost an verschiedenste Arbeiten herangeführt und durch Gespräche und Beobachtungen, die dokumentiert wurden, ist eine Einschätzung über seine Fähig- und Fertigkeiten entstanden. Es sind Ideen entwickelt worden, wie Herr Soost von seinen Möglichkeiten und Fähigkeiten her unterstützt werden kann, um sich weiter zu entwickeln und einen passenden Arbeitsplatz zu finden.

Herr Soost besuchte die Papiergruppe für ein dreimonatiges Praktikum. Dort hat er die Abläufe von der Papierherstellung bis hin zur Papierweiterverarbeitung (Karten, Blöcke, Geschenkanhänger) kennengelernt.

Herr Soost ist meist sehr konzentriert bei der Arbeit. Er hat eine schnelle Auffassungsgabe und kann einige Aufgaben mit mehreren Arbeitsschritten eigenständig tätigen. Zum Ende

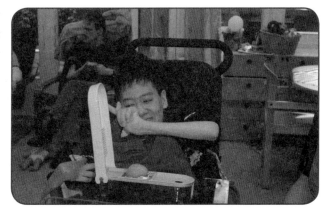

der Woche kommt es vor, dass er erschöpft ist und somit seine Auffassungsgabe und Arbeitmotivation nachlässt. Arbeiten, die ihn weniger interessieren, wie z.B. das Arbeiten mit/am Holz in der Holzgruppe, hindern ihn nicht daran konzentriert mitzuarbeiten. Er kann seine Arme und Hände nur beschränkt einsetzen. Seine Beine kann er eigenständig nur sehr wenig bewegen. Im Rahmen der ersten sechs Monate von Feinwerk zeigte sich, dass Herr Soost sich schnell und gerne auf verschiedene Menschen und Tätigkeiten einlassen kann. Aufgrund der vielseitigen Kompetenzen von Herrn Soost geht es in den nächsten Schritten um das Kennenlernen verschiedener Arbeitsbereiche und die Erweiterung seiner sozialen Kompetenzen. Ziele sind dabei die Erweiterung von Fähigkeiten und Durchführung von Tätigkeiten, das Kennenlernen und Nutzen von arbeitsunterstützenden Geräten, die Kontakterweiterung und das Herausfinden des zukünftigen Arbeitsschwerpunktes. Hierfür wird Herr Soost Praktika im Servicebereich und anschließend im Kreativbereich absolvieren. Außerdem nimmt er weiter an einem wöchentlichen Holzprojekt teil. Bei einer weiteren Differenzierung innerhalb der Arbeitsprozessqualifikationen wird deutlich, wie kleinschrittig und auf die Person abgestimmt Themen und Ziele ausgewählt werden. Für die Pizzaherstellung ist beispielsweise das Ziel, Herrn Soost zu vermitteln, welche Reihenfolge bei der Herstellung eingehalten werden muss, damit eine Pizza entstehen kann. Das Lernziel ist, dass Herr Soost den Arbeitsprozess im Ganzen versteht. Die Herstellung wird aufgeteilt in folgende vier Schritte: 1. Teigboden, 2. Soße, 3. Belag, 4. Käse. Für die Herstellung wird Bildmaterial genutzt und es werden Trockenübungen gemacht. Eine Fachkraft geht mit Herrn Soost die Abfolge zur Übung durch. Anhand der Materialkarten kann die Abfolge nachvollzogen werden. Durch die Hinlenkung auf das Thema wird die Erhöhung der Konzentration unterstützt. Diese Maßnahmen sind zunächst für sechs Monate geplant, da damit zu rechnen ist, dass Herr Soost die Abfolge dann nachvollziehen kann.

Diese individuelle Ausrichtung des Verlaufes von Feinwerk als auch die Grob- und Feinzielplanung wird ebenso zu anderen Qualifikationsbereichen erfolgen.

Projekte

Im Rahmen der Vertiefungsphase werden Projekte mit kreativen Inhalten oder neuen Arbeitsangeboten durchgeführt. Diese Projekte finden außerhalb der bestehenden Arbeitsgruppen statt, es entsteht ein »lockerer« Rahmen. Es nehmen auch Menschen teil, die nicht Feinwerk durchlaufen, die unterschiedlichen Arbeitsgruppen angehören oder Beschäftigte aus anderen Tagesstätten bzw. WfbM kommen dazu. Mit der Form der Projektarbeit wird ein sehr freies Arbeiten möglich, aber es ist die genaue Planung und Strukturierung der Projekte durch die Fachkräfte erforderlich. Verschiedenste Bildungsinhalte können mit aufgenommen werden. Die Projekte werden zeitlich meist auf drei bis vier Tage begrenzt, so dass der Projektcharakter und das Besondere erhalten bleiben. Gerade in dieser Phase zeigt sich, inwieweit die Teilnehmer in der Lage sind, sich gegen Ende ihrer Berufsbildung auf etwas Neues einzulassen. Dies gibt wiederum Aufschluss über ihre soziale Kompetenz. Denn in der Projektarbeit geht es nicht nur um den inhaltlichen Aspekt, etwas Neues zu lernen, sondern auch darum, sich auf eine andere Gruppe erneut einzulassen und miteinander in Kontakt zu kommen.

Maskenbau – Das zweite Gesicht

Das Fortbildungsangebot »Masken herstellen, bemalen und dekorieren – Ich mache mir ein zweites Gesicht« zeigt zum einen, wie ein Projekt gestaltet und erlebt wurde. Zum anderen zeigt es auch die Chancen auf, die eine Kooperation mit dem Berufsbildungsbereich einer WfbM-Gruppe bietet.

Gemeinsam haben die Elbe-Werkstatt 5 und Leben mit Behinderung Hamburg eine Fortbildung für Menschen mit Behinderungen gestaltet. Die Zusammenarbeit zwischen beiden Einrichtungen war anregend und mit einem großen Gefühl der Zusammengehörigkeit verbunden, obwohl die Teilnehmer und Fachkräfte das erste Mal aufeinandertrafen.

Wichtig war gleich am ersten Tag die Bestätigung, dass die Masken behalten werden durften und nicht zum Verkauf standen. Die Teilnehmer waren erfreut und reagierten erleichtert. So zeigte sich, dass ein Bildungsangebot ohne Vermarktungsabsicht für die Motivation von entscheidender Bedeutung sein kann. Mit der eigenen, selbst hergestellten Maske in den Händen steigert sich das Selbstwertgefühl.

So beschreibt die Projektleiterin: »Wir haben am ersten Morgen mit einer gemeinsamen Gesprächsrunde begonnen, indem wir die Wünsche der Einzelnen mit dem Vorgehen am Tag abgeglichen haben.« Im Anschluss begann der kreative Arbeitsprozess, alle waren konzentriert an der Maskenherstellung und -bearbeitung beteiligt. Alle Teilnehmer zeigten eine hohe Motivation und Begeisterung, sich mit dem Material auseinanderzusetzen und eigene Ideen der Bearbeitung einzubringen. Im Vordergrund stand bei diesem Projekt der Gedanke, Menschen mit sehr unterschiedlichen Fähigkeiten und Bedingungen zusammenzubringen. Es war erfreulich zu sehen, dass es zu einem tatsächlichen Miteinander und Füreinander der Teilnehmenden (mit doch sehr unterschiedlichem Hilfebedarf) kam. Sie sorgten

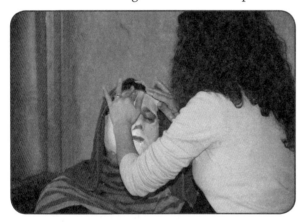

gegenseitig für Anregungen und halfen sich gegenseitig, zum Beispiel wenn Farbe gereicht oder Material zugeschnitten werden musste.

Zum Mittagessen gab es »Rundengespräche«, es wurde sich ausgetauscht über das Befinden, was gut, was nicht so gut war und was am nächsten Tag gemacht werden sollte. Ideen zu einer veränderten Farbgestaltung wurden eingebracht. Die drei Fortbildungstage waren geprägt von einem wunderbaren Gemeinschaftsgefühl. Das gegenseitige Vertrauen war spürbar. Beeindruckend war die hohe Aufmerksamkeit bei der Vorführung einer Dia-Show zum Abschluss. Die Teilnehmer waren stolz auf ihre »Kunstwerke«, sich im kreativen Prozess noch einmal zu sehen und bedankten sich mit einem großen Applaus.«

Das Projekt »Maskenbau« und viele andere Projekte haben uns wiederholt gezeigt, wie gut es den meisten Teilnehmern gelingt, sich auf neue Gruppen und Arbeitsangebote einzulassen. Sie gehen gerade zum Ende ihrer Berufsbildung noch einmal gestärkt und selbstbewusster aus den Projekten heraus. Auch dieses hilft den Teilnehmern, zu zeigen und zu äußern, wie sie sich ihre berufliche Zukunft vorstellen. Die Projektarbeit ist neben den festen Arbeitsbereichen und Angeboten eine richtige und sinnvolle Ergänzung, die zu einer Berufsbildung als auch zu dem Arbeitsalltag einer Tagesstätte gehören sollte.

Arbeitsunterstützende Geräte

Um mitarbeiten zu können, benötigen die Teilnehmer individuell abgestimmte Hilfestellungen durch persönliche Assistenz sowie häufig auch Hilfsmittel. Aus den Anforderungen, die der Arbeitsschritt stellt, und dem Unterstützungsbedarf der Teilnehmer ergibt sich die Aufgabe, eine angemessene Hilfestellung zu geben. Die persönliche Assistenz bietet die individuellste Form, die aufgrund von begrenzten Personalkapazitäten an ihre natürlichen Grenzen stößt. Um Menschen möglichst unabhängig von Hilfestellung zu machen und damit eigenständige Arbeitsanteile zu ermöglichen, sind in vielen Fällen Hilfsmittel oder arbeitsunterstützende Geräte erforderlich. Meist müssen diese Geräte individuell entwickelt und damit in den Einrichtungen selber gebaut werden. Dabei wird das Ziel verfolgt, eine größtmögliche Beteiligung der Teilnehmer am Arbeitsprozess zu erreichen und zugleich weitgehend selbstständige Arbeitsanteile zu ermöglichen. An dieser Stelle sollen einige Beispiele beschrieben werden, um Anregungen für eigene Entwicklungen zu geben.

I. Holz / Oberflächenbearbeitung

Name des arbeitsunterstützenden Gerätes: Feile mit Doppelgriff
Aufgabe: Bearbeitung von Handschmeichlern, die in einem Schraubstock oder über speziell angefertigte Bankeisenklemmen in eine Haltevorrichtung eingespannt sind.

Beschreibung der Arbeitshilfe: Zur Herstellung einer Doppelgrifffeile sind Feilen aus dem Baumarkt zu kurz, da ein Teil der Feilenlänge für die Befestigung des zweiten Griffes verwendet werden muss. Gut geeignet sind alte Feilen von Handwerkern, die meist günstig auf Flohmärkten angeboten werden und Längen von ca. 40-60 cm aufweisen. Das Feilenende ohne Griff wird mit einer Flexscheibe in Form geschliffen, so dass eine sogenannte Feilenangel zur Befestigung des Griffes entsteht. Holzgriffe werden separat eingefügt. Sie sind in verschiedenen Größen in gut sortierten Baumärkten oder Fachgeschäften für

Eisenwaren erhältlich. Feilen teilt man nach dem Feilenhieb in grob bis sehr fein (0-5) ein. Feilenhieb 2 ist die häufigste Form. Es hat sich als günstig erwiesen, eher einen feinen Hieb zu wählen, da sich die Teilnehmer dann besser mit dem Werkstück auseinandersetzen können. Nachträglich können auch feinere Feilen gegen gröbere getauscht werden.

Ist die Bohrung im Holzfeilengriff zu groß für die jeweilige Feile, lässt sie sich gegebenenfalls zur nächst größeren Dübelgröße aufbohren (6, 8 oder 10 mm) und mit einem eingeleimten Holzdübel verschließen. Ein zur Feilenangel passendes Loch wird gebohrt. Gegebenenfalls muss die Feilenangel noch eingekerbt werden.

Eine Verkerbung des Feilenschaftes mit dem Griff ist auch möglich.

Geeignete Klebstoffe müssen Holz und Metall verbinden.

Materialkosten: Gering, wenn vom Flohmarkt gekauft und selbst gebaut.

Beschreibung des Bewegungsablaufes: Die Feile mit dem Doppelgriff ist universell einsetzbar. Es ist eine gute Handführung möglich, sowohl einseitig, als auch beidhändig, um den Bewegungsablauf mit den Teilnehmern einzuüben. Durch beide Griffe ist eine sichere, stabile Führung möglich. Die Teilnehmer haben außerdem die Möglichkeit, ohne Assistenz beidseitig zu feilen.

Im Laufe eines Holzprojektes in einer Tagesstätte hat sich gezeigt, dass fast alle Teilnehmer in der horizontalen Ebene gefeilt haben. Mit Handführung konnte geübt werden, die horizontale Ebene zu verlassen und einseitig nach unten zu feilen, um die gebogenen Flächen eines Handschmeichlers herauszuarbeiten. Der Bewegungsablauf bei einseitiger Feilbewegung nach unten scheint so kompliziert zu sein, dass das räumliche Denken nicht aktiviert werden konnte. Einigen Teilnehmern ist es gelungen, in verschiedenen Richtungen zu feilen. Sie wechselten selbstständig die Position, probierten verschiedene Feilen aus und schienen nach einer Optimierung des Arbeitsablaufes zu suchen.

II. Oberflächenbearbeitung

Name: Schleifmaschine mit Seilführung unter der Decke montiert (Das Gerät ist nach Anregungen von Hein Kistner gebaut worden, s. Kistner 2005)

Aufgabe: Schleifen von Baumscheiben, die auf ein Brett geschraubt sind.

Die Baumscheiben weisen unterschiedliche Durchmesser auf, haben aber alle dieselbe Höhe (+/-2 mm).

Beschreibung der Arbeitshilfe: Die Schleifmaschine besteht aus einem Schleiftrog aus 18 mm Sperrholz und weist eine Länge von zwei Metern auf. So ist es möglich, Holz auf einer Länge von zwei Metern zu schleifen.

Der Schleifklotz ist mit Unterlegscheiben zu beschweren, welche auf Gewindestangen befestigt sind. Der Schleifschlitten wird durch eine Seilführung auf und ab bewegt. Bis zu vier Menschen können den Schlitten gleichzeitig bewegen. Hierzu gibt es verschiedene Adapterstücke von Seilen und Endstücken. Die Teilnehmer und ihre Assistenzperson können sowohl gegenüber als auch nebeneinander stehen. Die Bewegung wird gemeinsam vollzogen. Es ist eine Probephase notwendig, um passende Adapter- oder Endstücke zu finden. Gelegentlich müssen auch die Gewichte auf den Schleifschlitten verändert werden.

Es können zwei Personen nebeneinander stehend oder auch zwei Rollstuhlfahrer gemeinsam die Stange bewegen. Die Ausführung einzelner Arbeitsschritte dauert zwischen zwei und fünf Minuten je nach Ausdauer. Die Befestigung wurde aus Sicherheitsgründen unter der Decke fest montiert. Der Raum kann anderweitig genutzt werden, da die Schleifmaschine bei Nichtge-

Feinwerk – Verlaufsphasen

brauch unter die Decke geklappt werden kann. Sie wird doppelt mit Ketten, Karabinerhaken und mit Schlössern gesichert.
Materialkosten: ca. 1000 Euro für Holz, Beschläge und Winde.

III. Schleiftrog

Aus der Erfahrung im Umgang mit der Schleifmaschine ist eine zweite Schleifmaschine, genannt Schleitrog entstanden.
Der Schleiftrog ist insgesamt kleiner und leichter gebaut, so dass er mit nahezu jedem Fahrzeug transportiert werden kann, und somit flexibel einsetzbar ist. Der Schleiftrog kann mit einem Handseilzug betrieben werden. Er wird mittels Schraubzwingen, an einer Werkbank oder einem anderen geeigneten Tisch befestigt. Fest an der Decke montierte Rollen ermöglichen verschiedene

Seilführungen. Unabhängig von der Deckenseilführung können die Rollen auch an einem Türbogengalgen befestigt werden, was den Einsatz für den Außenbereich möglich macht. In den Kasten der Schleifmaschine sind verschiedene senkrechte Schlitze eingefügt worden. In den Schlitzen befinden sich Querbolzen, um die jeweilige Höhe des Werkstückes anzupassen.

IV. Hilfsteil als Höhenausgleich

Name: Erhöhung für Tische als Hilfsteil zur Werkstückbefestigung.
Aufgabe: Für das Schleifen mit der Schleiffeile ist ein normaler Tisch zu niedrig. Deshalb ist es sinnvoll, ein Erhöhungsteil

anzufertigen. Dies ist auch für andere Arbeitsbereiche mit zu niedriger Arbeitshöhe sinnvoll.

Beschreibung der Arbeitshilfe: Das Erhöhungsteil besteht aus zwei Frühstücksbrettern, die über dicke Rundhölzer (Geländerundholz aus dem Baumarkt, 16-18 mm hoch) verbunden sind. Ein kleiner hölzerner Tannenbaum wird mit kleinen Schraubzwingen am oberen Griff befestigt. Diese wurden nochmals gekürzt, um eine bessere Handhabung zu gewährleisten. Das untere Frühstücksbrett wird mit zwei Schraubzwingen am Tisch befestigt.

V. Handkurbelbohrmaschine

Aufgabe: Löcher in Baumscheiben bohren

Geeignet für Teilnehmer, die Angst vor elektrischen Geräten haben, lärmempfindlich sind oder die durch das langsame Drehen den Bohrvorgang genau beobachten können.

Beschreibung der Arbeitshilfe: Spezielle Holzbohrer gibt es als

Set in den Größen 4, 6, 8 und 10 mm. Diese haben eine zentrische Spitze und führen den Span schnell ab. Bei großen Bohrdurchmessern und hartem Holz neigen die Bohrer zu haken. Deswegen wählen wir entsprechend weiche Holzarten.

An den vorangegangen Beschreibungen der arbeitsunterstützenden Geräten wird deutlich, dass es sich um ausgesprochen kreative, kostengünstige und realitätsnahe Entwicklungen handelt. Um derart praxisnahe Hilfsmittel herstellen zu können, sind die Fachkräfte auf Know-how im

Bereich Handwerk und Technik angewiesen und müssen über ein hohes Maß an pädagogischem Verständnis und Einfühlungsvermögen für die Belange von Menschen mit körperlichen Einschränkungen verfügen.

Abschluss von Feinwerk – Perspektiven

Zum Abschluss der beruflichen Bildungsmaßnahme Feinwerk werden die Teilnehmer und im Bedarfsfall auch die Vertretungs- oder Vertrauensperson befragt. Die Dokumentationen der zweijährigen Berufsbildung und die Fragebögen werden ausgewertet.

Im Rahmen eines gemeinsamen Gespräches mit den Teilnehmern und ihrem Unterstützerkreis wird die persönliche und berufliche Zukunft gemeinsam geplant. Vorbereitet wird dieses Abschlusstreffen von den Fachkräften der Tagesstätte. Unterstützer können Eltern, Angehörige, Mitarbeiter aus einer Wohngruppe oder Personen, die die Teilnehmer gut kennen wie Freunde oder ehrenamtliche Unterstützer sein. Die Stärke von Unterstützerkreisen liegt darin, dass mehrere Menschen sich mit ihren unterschiedlichen Perspektiven in den Planungsprozess einbringen. Die Vielzahl von Erfahrungen, Kontakten und Ideen macht es möglich, mit den Teilnehmern eine aussichtsreiche Zukunft zu gestalten. Das Ziel besteht darin, für den Teilnehmer einen festen Arbeitsplatz oder eine feste Aufgabe in einer Arbeitsgruppe zu finden, die seinen Interessen und Fähigkeiten entspricht und Teilhabe ermöglicht. Der Arbeitsplatz soll den eigenen Interessen entsprechen. Bei weiteren Praktika oder einem geplanten Wechsel in eine andere Einrichtung oder einen Arbeitsplatz außerhalb der Tagesstätte werden die nächsten Schritte geplant.

Mit einer kleinen Feier in der Arbeitsgruppe oder durch eine Ehrung mit der gesamten Tagesstätte wird das Ende von Feinwerk würdigend begangen. Die Angehörigen und Freunde werden zu dieser Zeremonie eingeladen.

Es wird eine Urkunde über die Teilnahme überreicht und sofern möglich, der künftige Arbeitsplatz benannt.

Die Teilnehmer erfahren daneben Anerkennung über das eigens hergestellte Werkstück und erhalten Berichte und Fotos. Das Begleitbuch und der Begleitkasten werden überreicht und dienen der Kommunikationserleichterung für das soziale Umfeld oder die neuen Arbeitsplätze.

Begleitbuch

Das Begleitbuch hat für uns eine besonders wichtige Bedeutung im Verlauf von Feinwerk. Damit sich die Teilnehmer das Erlebte auch auf längere Sicht in Erinnerung rufen und mit anderen Menschen teilen können, wird ein Begleitbuch mit einem Begleitkasten angelegt.

Das Begleitbuch ist ein persönliches Buch. In ihm sollen die Inhalte und Erlebnisse, sowie die Abläufe und Teilergebnisse der Berufsbildung beschrieben und dargestellt werden.

Es dokumentiert den Ablauf der Berufsorientierung Feinwerk, die verschiedenen Tätigkeiten, Lernerfolge, Erlebnisse und auch hergestellte Produkte. Es ist in gewisser Weise mit dem Berichtsbuch vergleichbar, das ein Lehrling während seiner Lehrzeit zu führen hat. Es dient den Teilnehmern dazu, sich das bereits Erlebte und Gelernte zu vergegenwärtigen, und hilft, ihre Umwelt (z.B. Angehörige und Freunde) zu informieren. Das Begleitbuch wird an den kommunikativen Fähigkeiten der Teilnehmer ausgerichtet. Meist wird es durch Fotodokumentationen und kurze Texte gestaltet. Weitere Gestaltungsmöglichkeiten sind Material zum Befühlen, Texte auf ein Tonband aufgenommen oder gemalte Bilder. So kann das Erlebte sinnlich weiter erfahren werden.

In dem Begleitbuch werden Zwischeneindrücke und Teilergebnisse festgehalten, die sich aus dem Arbeitsalltag und dem Verlauf von Feinwerk ergeben. Das Begleitbuch kann mit wenigen Beispielformularen der Dokumentation ergänzt werden. Durch beispielhafte Erlebnisbeschreibungen werden Emotionen, die mit Erlebtem in Verbindung stehen, wieder hervorgeholt.

Feinwerk – Verlaufsphasen

Beschäftigter: Herr Soost
Fachkraft/Assistenzkraft: Jasmin Goldt
Arbeitsbereich/Bereich: Kochen und Backen

18.09.2009

Erlebnisbeschreibung, z.B. eines Erlebnisses innerhalb eines Tages, in einem Arbeitsbereich, bei einer Tätigkeit, bei einer Aktion, z.B. Monatsabschluss o.Ä. oder eines anderem Zeitraumes, der eine Entwicklung beschreibt. Die Beschreibung soll das Erleben aus Sicht des Beschäftigten verdeutlichen, also wie der behinderte Mitarbeiter sich gefühlt hat, wer wie auf ihn reagiert hat.

Am 18. September habe ich einen Ausflug gemacht. Eigentlich war es mir egal, wohin es ging, Hauptsache war, dass ich Bus fahren konnte, denn das finde ich richtig klasse!
Doch zurück zum 18. September. Wir fuhren nach St. Pauli, in ein Geschäft für Großküchenbedarf.
Den Bus fuhr Paula, Ralf und ich wurden begleitet von Anna und von Hanna. Obwohl ich mir alle Mühe gegeben habe, Paula auf die falsche Spur zu locken – sie fragte mich doch immer, ob sie jetzt abbiegen soll –, sind wir dann doch am Ziel angekommen. In dem Geschäft war es sehr eng, so dass ich häufiger an der Seite stehen musste, wenn Kunden mit großen Küchengeräten das Geschäft verließen. Meine Kollegen waren ordentlich beschäftigt mit dem Ralf, denn der versuchte einfach wegzulaufen.
Nachdem wir alles gesehen hatten, was wir wollten, machte der nette Herr aus dem Geschäft noch Fotokopien von dem Standmixer und von dem Waffeleisen. Beide Sachen brauchen wir ja vielleicht für die Arbeit.
Dann ging es wieder in den Bus und wir fuhren zum Imbiss. Das war ja richtig super – ich wollte gerne Pommes mit Ketch-

up essen und eine Fanta trinken. Hanna erfüllte mir alle meine Wünsche, und das Essen war sehr lecker! Nur Ralf fing an zu nerven. Er wollte alles Mögliche essen, doch aufgegessen hat er von all seinem Essen gar nichts. Das fand ich ziemlich blöd. Und dann dachte ich, dass ich träume, dann fing er doch an zu spucken! Nun war auch mein leckeres Essen zu Ende, denn wir mussten ganz schnell aufbrechen!
Das war ganz schön schade – aber den Ausflug fand ich trotzdem gut!

Projektbeschreibungen werden als Hintergrundinformation ergänzend mit eingebracht.

Die Teilnehmer können das Begleitbuch zur besseren Nachvollziehbarkeit des Ablaufes und der Inhalte über den gesamten Berufsbildungsverlauf als Nachschlagewerk betrachten und benutzen.

Das Begleitbuch grenzt sich von einem reinen Informationsheft ab. Es dient auch der Kommunikation zwischen dem Teilnehmer und den Angehörigen.

Neben den schriftlichen und bildhaften Darstellungen im Begleitbuch werden in einem Begleitkasten Materialien eingebracht, mit denen die behinderten Mitarbeiter umgehen, an denen sie gearbeitet haben, oder auch gefertigte Gegenstände aus den vergangenen zwei Jahren der Berufsbildung.

Die Teilnehmer erhalten das Begleitbuch und den Begleitkasten am Ende der beruflichen Bildungsphase Feinwerk und können es für sich weiter nutzen.

Werkstück

Im Rahmen der beruflichen Bildung stellt jeder Teilnehmer sein eigenes Werkstück her, in der Regel ist es Teil des Projektes. Am Ende von Feinwerk wird das Werkstück von den Teilnehmern mitgenommen. Angelehnt an eine Normalität im Vergleich zu anderen Ausbildungsberufen gehört es gerade im Bereich von Gewerken wie Tischler oder Schreiner dazu, sein eigenes Werkstück in der Ausbildung herzustellen. Hinzu kommt, dass Menschen mit hohem Unterstützungsbedarf eine Anerkennung ihrer getanen Arbeit und Berufsbildung meist nicht durch gesagte Worte oder gar ein Zeugnis erhalten können, sondern es braucht et-

was Greifbares, um zu erfahren, dass Feinwerk erfolgreich abgeschlossen wurde. Der Stolz, das Werkstück den Angehörigen zu präsentieren, ist ebenso im Fokus wie die Motivation, auch in Zukunft ähnliche Dinge herzustellen.

3. Methodische Grundlagen
Jeder Mensch ist bildungsfähig

Artikel 26 der Allgemeinen Erklärung der Menschenrechte lautet in den ersten zwei Absätzen:
1. Jeder hat das Recht auf Bildung.
2. Die Bildung muss auf die volle Entfaltung der menschlichen Persönlichkeit und auf die Stärkung der Achtung vor den Menschenrechten und Grundfreiheiten gerichtet sein. (vgl.: http://www.humanrights.ch)

Es gibt keinen Grund zu hinterfragen, ob ein Mensch bildungsfähig ist. Es geht vielmehr darum, Lernvoraussetzungen zu schaffen sowie lebens- und arbeitsweltbezogene Bildung so zu vermitteln, dass sie bei dem Menschen anknüpft, dem Stand seines Wissens entspricht und auf seine Erfahrungswelt trifft.

Bildung für Menschen mit schweren Behinderungen erfordert nach Wolfgang Lamers eine Bildung, bei der Bildungsprozesse durch »Bewegung, Wahrnehmung und Auseinandersetzung mit der Umwelt« geschehen. Diese Bewegungen und Betätigungsarten gelingen dann, wenn soziale Prozesse daran angeknüpft sind. Das gemeinsame Tätigsein wird als ein »interaktiver, sozio-struktureller und gesellschaftlicher Prozess« verstanden (Lamers, Klauß, 2003).

Bildung wird hier verstanden als die planmäßige Entwicklung der geistigen und körperlichen Anlagen des Menschen. Der durch diese Entwicklung erreichte Zustand wird Bildung genannt. Das wesentliche Mittel der Bildung ist die Auseinandersetzung des Menschen mit den wertvollen Bestandteilen der ihn umgebenden Kulturwelt und den überdauernden Werten der Vergangenheit. Bildung basiert nicht allein auf dem Erlernen und/oder Anwenden von Kulturtechniken, sondern ebenso auf Erfahrungen jeglicher Art, welche der Persönlichkeitsentwicklung zuträglich sind.

Formale und materiale Bildung

Wir verstehen Bildung, wie Lamers und Heinen sie definieren, als »doppelseitige Erschließung« (Heinen, 2003, angelehnt an Klafki, 1991). Bildung besteht aus zwei Aspekten, der formalen Bildung und der materialen Bildung.

Sprechen wir von der *materialen* Bildung, so nehmen wir die konkreten stofflichen Inhalte in den Blick. Hier handelt es sich beispielsweise um das Kennenlernen der Verkehrswege, der Verkehrsmittel, der Wasserversorgung, des Aufbaus einer Pflanze usw. Die materialen Bildungsziele finden sich in den Lehrplänen. Bei Feinwerk verstehen wir als materiale Bildungsanteile die Arbeitsbereiche mit den unterschiedlichen Arbeitsangeboten und deren aufeinander folgenden Arbeitsschritten sowie den dazugehörigen Tätigkeiten.

Wenn es aber darum gehen soll, nicht nur Stoff/Arbeitsinhalte oder Abfolgen zu vermitteln, sondern man die Persönlichkeit des Menschen bilden will, dann ist die *formale* Bildung gemeint. Im Sinne Pestalozzis fragen wir uns, welche Kräfte – leibliche, seelische und geistige – er im Kinde entfalten will. Pestalozzi geht hier von Kindern aus, ich denke, diese Erkenntnisse lassen sich auch in unserer Arbeit anwenden. Kinder als auch Erwachsene bilden sich, indem sie lernen, sich zu konzentrieren, ordentlich und gewissenhaft zu arbeiten, eine Arbeit schön zu gestalten, pünktlich und zuverlässig zu sein, Willenskraft zu entwickeln, Verantwortungsbewusstsein und Liebe zur Sache zu entwickeln, Rücksicht auf andere zu nehmen, aus sich herauszugehen, Verantwortung zu übernehmen, Geduld zu üben, Fantasie und Kreativität zu entwickeln, zu staunen oder einer Sache ehrfürchtig zu begegnen. Unter den formalen Zielen verstehen wir, was Pestalozzi als »Entwicklung von Kräften und Anlagen« bezeichnet. Bekanntlich hat er eine ausgewogene und zur Ganzheit verbindende Ausbildung aller drei Grundkräfte – Kopf, Herz und Hand – gefordert. Die neuere Psychologie vermeidet den Begriff »Kräfte« und spricht in diesem Zusammenhang von psychischen Funktionen. Es sind unter anderem folgende:

- *»Kopf«:* wahrnehmen, beobachten, aufmerksam sein, sich konzentrieren, vorstellen, denken, speichern, erinnern, sprachlich formulieren, urteilen, werten, verantworten;
- *»Herz«:* fühlen, wahrnehmen, wollen, ahnen, glauben, lieben, vertrauen, danken;
- *»Hand«:* sich bewegen, Kraftakte vollbringen, handwerklich gestalten, sich körperlich ausdrücken, Gewandtheit, Fingerfertigkeit.

In der Idee der formalen Bildung findet sich die Überzeugung wieder, dass die konkreten Inhalte für das Menschsein von untergeordneter Bedeutung sind, dass es demgegenüber vielmehr darauf ankommt, unterschiedlichste Lebenssituationen mit Hilfe entwickelter Kräfte meistern zu können. Die entwickelten Kräfte sind im Rahmen dieser Theorie so etwas wie Werkzeuge, die sich in jeder Lebenslage als brauchbar erweisen.

Um die genannten formalen Ziele zu erreichen, sind wir auf materiale Inhalte, also auf den Lehrstoff, angewiesen. Diese werden durch den Lehrplan vorgegeben, bezogen auf Feinwerk durch die zu jedem Arbeitsbereich gehörenden fachspezifischen Module, die Aufschlüsselung der Arbeitsschritte.

Im Rahmen von Feinwerk geht es um die Vermittlung bzw. die bewusste Verknüpfung der beiden Bildungsinhalte und die Einbeziehung objektiver Kulturinhalte, die als »an sich« wertvoll angesehen werden. Es werden verschiedene Sinneswahrnehmungen angesprochen und Erlebniswelten eröffnet.

Vermittlung von Inhalten

Die Bildungsanteile, die in Feinwerk verwendet werden, sind derart aufbereitet, dass auch Menschen mit hohem Unterstützungsbedarf die Inhalte aufnehmen können.

Hierfür ist die Unterscheidung verschiedener Aneignungsniveaus von zentraler Bedeutung. Obwohl Menschen unterschiedliche Zugangs- und Aneignungsmöglichkeiten zu Inhalten haben, können trotzdem alle an den gleichen allgemeinen Bildungsinhalten teilhaben (Klafki, 1991, S. 141-161).

Die Theorie der Darstellungsebenen nach Jerome Bruner (1974), (E-I-S-Schema, E-I-S-Prinzip) gibt Hinweise darauf, wie Inhalte sinnvoll zu vermitteln sind. Nach Bruner durchläuft ein Mensch drei Phasen, in denen er sich jeweils Wissen aneignet, bevor er die nächste Phase erreicht:

1. **E**naktive Phase (Handlungen, selbstständiges Handeln mit konkretem Material)
2. **I**konische Phase (Anschauung auf bildhafter Grundlage)
3. **S**ymbolische Phase (Abstrakte Ebene mit Sprache / Buchstaben / Zahlen / Zeichen).

Alle drei Phasen entwickeln sich normalerweise im Laufe der ersten drei Lebensjahre. Sie stehen Erwachsenen flexibel zur Verfügung. Nach Bruner ist ein Fortschritt im Lernprozess üblicherweise erst möglich, wenn die Phasen der Reihe nach durchlaufen sind.

In Erweiterung dieser Theorie kommt der Sprache eine besondere Funktion zu. Einerseits stellt sie eine vierte Ebene, die »Phase der Automatisierung«/Übung, dar, andererseits vermittelt sie in der Kommunikation zwischen den Ebenen.

Die im Folgenden beschriebenen verschiedenen Aneignungsniveaus lassen sich mit den genannten Phasen verknüpfen und erweitern unsere Handlungsebene bei Feinwerk.

Die Stufen der Aneignung unterteilen die Handlung in die basal-perzeptive und in die konkret-gegenständliche Phase (vgl. Abbildung Seite 154). Im Folgenden werden die Aneignungsniveaus in ihrer Bedeutung beschrieben und direkt mit einem Praxisbeispiel, der Herstellung von Papier, verknüpft, einem Arbeitsbereich in Tagesstätten.

Menschen mit Behinderung oder Entwicklungsverzögerung befinden sich in unterschiedlichen Phasen der Aneignung. Einige befinden sich in Teilaspekten auch in unterschiedlichen Phasen wie der anschaulichen Ebene und/oder auf der abstrakt-begrifflichen Aneignungsebene. Oder mit EIS gesprochen auf der enaktiven und ikonischen Ebene.

Es kann verständlich werden, warum ein Teilnehmer z.B. immer wieder bestimmte Gegenstände zu Boden wirft oder ein Bildsymbol nicht versteht, wenn er unter Umständen nicht auf seiner Aneignungsebene angesprochen wird.

Haltung gegenüber dem Teilnehmer

Die Haltung ergibt sich für uns aus einer Stärken-Perspektive. Hier knüpfen wir an das Prinzip des Empowerment an. Der Ansatz des Empowerment stammt aus den USA. Er wird übersetzt mit »Selbstbefähigung« oder »Selbstbemächtigung« (Theunissen, 2000). Der Empowerment-Ansatz verabschiedet sich von einer defizitären Sicht auf den behinderten Menschen und von einer pathologischen Betrachtungsweise. Es wird eine Stärken-Perspektive eingenommen, die nach den Fähigkeiten fragt, nach den individuellen und sozialen Ressourcen und nach den Bereichen, in denen Unterstützungsbedarf besteht. Aus der Stärken-Perspektive lassen sich handlungsbestimmte Leitprinzipien ableiten:
- die Abkehr vom Defizit-Blickwinkel,
- die unbedingte Annahme des Anderen und die Akzeptanz seines So-Seins,

Aneignungsniveau	Bedeutung	Praxisbeispiel
Basal-perzeptive Aneignung	Meint, dass der Mensch die Welt, den eigenen Körper und dessen Form, Beschaffenheit, Veränderung sowie die darin wirksamen Prozesse erlebt, erkundet, kennenlernt und sich diese zu eigen macht, indem er fühlt, schmeckt, sieht, riecht, hört und spürt.	Papierpulpe (Wasser-Papiergemisch) fühlen, riechen; das fertige Papier sehen, Bewegen des eigenen Körpers, z.b. durch eine Arbeitsbewegung (Stanze), sich durch den Raum bewegen. Atmosphäre spüren, Gespräche hören, Geräte machen Geräusche.
Konkret-gegenständliche Aneignung	Aktiv tätige Auseinandersetzung mit äußerlich sichtbaren Dingen und Personen, Entdeckung der Umwelt, die Wiederholung einer Aktivität und das manipulierende Erkunden. Dies können Ereignisse, Gegenstände, Personen sein, die praktische Nutzung von Fertigkeiten, soziale Regeln kennenlernen und sich daran orientieren.	Die Tätigkeit des Schöpfens erlernen und wiederholen. Papier reißen oder zerknüllen, in einen Behälter werfen. Kollegen wahrnehmen, Zusammenhang zwischen Fühlen und Bewegung herstellen. Fotoplan mit persönlichem Bezug nutzen, so dass z.B. ein Arbeitsbeginn oder Arbeitsende verstanden wird.
Anschauliche Aneignung	Man kann sich vom eigenen Handeln und der Welt, von Gegenständen und Personen ein Bild machen, anschauliche Darstellungen (Foto von meinem Arbeitsplatz) verstehen, gemachte Erfahrungen und gelernte Inhalte nutzen und diese erweitern, verändern, für Neues nutzen, nach eigenen Ideen gestalten.	Ich kenne meinen Arbeitsplatz, z.B. die Schöpfecke, ich weiß, was ich nacheinander tun muss, um Papier zu schöpfen, ich führe einzelne Arbeitsschritte aus, z.B. den Schöpfrahmen in die Pulpe führen und wieder hochnehmen. Ich kann meine motorischen Fähigkeiten und praktischen Fertigkeiten auf andere Arbeiten übertragen, Bewegungen werden bewusst vollzogen.
Abstrakt-begriffliche Aneignung	Man kann Objekte, Informationen, Zusammenhänge nicht nur konkret und anschaulich, bildlich und spielerisch, sondern auch von der Anschauung abstrahiert und begrifflich (Symbole, Zeichen, Schrift) wahrnehmen, erkunden, erfassen, benennen und verstehen. Gedankliche Auseinandersetzung ist möglich.	Schriftplan eines Arbeitsvorganges vom Altpapier zum Produkt kann genutzt werden und nach schriftlicher oder verbaler Anweisung die einzelnen Arbeitsschritte durchgeführt werden.

- der Respekt vor der »eigenen« Zeit und den »eigenen« Wegen des Anderen,
- Grundorientierung an der Rechte-Perspektive, der Bedürfnis- und Interessenslage, sowie der Lebenszukunft der Betroffenen (Herringer, 2002). In Bezug auf das Konzept Feinwerk gehen wir vom Grundwert der Selbstbestimmung aus, mit der nicht ein absolut unabhängiges Individuum in der Zielperspektive gemeint ist, sondern wir verstehen Empowerment mit einem Bezugswert der »demokratischen und kollaborativen Partizipation« (Theunissen, Plaute, 2002). Menschen, die von Entscheidungen betroffen sind, haben ein Recht auf Mitsprache und Mitgestaltung. Im Rahmen eines demokratischen Systems und in Bezug auf das Maß an Beteiligung ist hier die Frage nach sozialer Gerechtigkeit, Chancengleichheit und Inklusion zu stellen (ebenda, S. 26). So ist neben der praktischen Arbeit eine sozial-politische Einmischung erforderlich.

Die Handlungsebenen, die sich vor allem auf die Arbeit mit Erwachsenen beziehen, teilt Theunissen in vier Ebenen ein.

1. *Die subjektzentrierte Ebene* fokussiert Wege, die den Einzelnen zur Entdeckung des Gefühls individueller Stärke anstiften und ihm zur Entwicklung neuer Lebenskräfte und Handlungskompetenzen (Bewältigungsmuster) verhelfen soll. Methoden, die hier genutzt werden können, sind z.B. das Unterstützungs-Management (Case-Management), Formen einer Einzelhilfe, Beratung (Konsultation) und stärkenorientierte Biografiearbeit. Darüber hinaus kann mit Hilfe einer Assistenz ein persönlicher Lebensstil herausgearbeitet oder ein individueller Hilfeplan erstellt werden. Theunissen weist in diesem Zusammenhang auf die Möglichkeit der Einbeziehung von Unterstützerkreisen (circle of supports; circle of friends) hin.
2. Auf *gruppenbezogener Ebene* geht es um eine Verknüpfung von sozialer Gruppenarbeit, Konsultation und sozialer Netzwerkarbeit. Ein Arbeitsschwerpunkt bezieht sich auf die (Wieder-)Herstellung von

tragfähigen Beziehungen und Verbindungen privater Netzwerke (Familien, Freundeskreis, Nachbarschaften), so dass soziale Ressourcen aus dem vertrauten Nahbereich verfügbar gemacht werden.

3. Als dritte Ebene benennt er die *institutionelle Ebene*. Diese bezieht sich sowohl auf die Entlegitimierung und den Abbau von Hierarchien, Zentralinstanzen und Bürokratien zugunsten der Schaffung demokratischer Entscheidungsstrukturen oder Partizipationsformen, als auch auf Möglichkeiten einer Deinstitutionalisierung durch bedürfnisorientierte, differenzierte und gemeindeintegrierte Wohnangebote in Verbindung mit sozialen Netzen sowie formellen und informellen Unterstützungssystemen.

4. Die vierte Ebene ist die *der Gemeinde und Sozialpolitik*. Hierbei geht es um Möglichkeiten und Prozesse politischer Einmischung (policy making) und um die Einflussnahme durch Betroffene. Das spricht vor allem die Bürgerbeteiligung an und wendet sich gegen Sozialverwaltungen, Wohlfahrtsverbände, Konzepte (psycho-)sozialer und rehabilitativer Hilfen, wenn diese unter Ausschluss der Betroffenen geplant und umgesetzt werden (ebenda 2002).

Elemente im Vermittlungsprozess

Die äußeren und behinderungsspezifischen Bedingungen haben Einfluss auf das Lernen, Verhalten und Handeln. Deswegen ist Feinwerk auf folgende Elemente im Vermittlungsprozess ausgerichtet:

a) Bürgerzentrierung

b) Fokussierung auf die persönlichen und äußeren Bedingungen

c) Strukturierung und Visualisierung

d) Regelmäßige Erhebung, Verfahren der Dokumentation

a) *Bürgerzentrierung* meint, den Menschen als Bürger in seinen Rechten, seiner Meinung, seinen Wünschen ernst zu nehmen und keine Individualisierung vorzunehmen, die eine Vereinzelung oder einen Rückzug in sich impliziert.

b) Die *Fokussierung auf die persönlichen und äußeren Bedingungen* betrifft personenzentriert das Zusammenspiel von behinderungsbedingten Einschränkungen und äußeren Bedingungen, also das Maß an Teilhabe, Assistenz, sozialpolitischen Rahmenbedingungen, die das soziale Umfeld des einzelnen Menschen, das gesellschaftliche Umfeld, die Einrichtung und die Politik bereitstellen.

c) *Klare Strukturierung und Visualisierung*
Wesentliches Element zur Begünstigung von Lernvoraussetzungen ist eine sorgfältige Strukturierung des Arbeitsalltages. Die klare Strukturierung erfolgt durch Prozess-, Ziel- und Inhaltsklarheit. Diese sind zu erreichen durch eine Rollenklarheit, das meint z.B. bezogen auf unseren Praxisalltag: Welche Fach-/Assistenzkraft übernimmt welche Rolle in der vorliegenden Aufgabe? Dazu gehört die Absprache von Regeln, Ritualen und auch Freiräumen aller Gruppenbeteiligten.

Auf der zeitlichen Ebene erhalten wir durch Strukturen eine Vorhersehbarkeit (Häußler, 1999). Zeitliche Orientierung beginnt damit zu wissen, was als Nächstes auf einen zukommt, und mündet in einem langfristigen Überblick über zukünftige Ereignisse. Unsicherheit kommt auf, wenn man nicht weiß, was als Nächstes passieren wird, ob ein gewünschtes Ereignis auch eintreffen wird und wann es so weit ist.

Für die Strukturierung der Zeit gilt es, den Tag und die Woche für die Teilnehmer in überschaubare Abschnitte einzuteilen und diese deutlich voneinander abzugrenzen. Im Alltag kann sich die Planung für behinderte Mitarbeiter auf die jeweils nächste Aktivität beschränken, und allein die Kenntnis über die wiederkehrenden Strukturmomente kann für eine Person ausreichend sein, um eine Orientierung zu erhalten. Für andere kann die Abfolge von zwei oder mehreren Ereignissen z.B. visuell dargestellt werden, um sie verstehen zu können. Der umfasste Zeitraum kann von einem kurzen Zeit- oder Tagesabschnitt bis zum Wochenplan alles beinhalten. Wird mit einem schriftlichen Plan gearbeitet, ist es wesentlich, dass die Darstellungen, die die einzelnen Aktivitäten repräsentieren, durchgestrichen oder abgehakt werden können. Denn nur so wird das Vergehen von Zeit konkret nachvollziehbar.

Die Darstellungsform der Informationen ist bei Menschen mit hohem Unterstützungsbedarf individuell zu suchen und zu organisieren. Es können z.b. reale Objekte sein, Miniaturen, Fotos, Zeichnungen, Symbole oder schriftliche Hinweise. Beispiele solcher Darstellungsformen:

- *Plan aus Fotos oder Abbildungen/Piktogrammen:* Unterschiedliche Gegenstände können nebeneinander auf einem Regal bereitliegen und jeweils zur entsprechenden Aktivität mitgenommen und dort eingesetzt werden, z.b. ein Blatt Papier = Stanzen, Holzfeile = Holz schleifen, Buch = Vorlesen, Becher = Kaffee trinken.
- *Plan aus konkreten Objekten* z.B. Fotos, in zeitlicher Abfolge nebeneinander auf einem Klettband befestigt, werden an den Ort mitgenommen, an dem die Aktivität stattfindet. Anhand der Karten wird der Arbeitsablauf abgearbeitet und die jeweilige »erledigte« Fotokarte könnte in einen Kasten oder eine Box eingeworfen werden.

Für Menschen mit hohem Unterstützungsbedarf ist in der Regel ein strukturierter Alltag eine bedeutende Hilfe. Situationen werden durchschaubar und sie verstehen, was um sie herum vorgeht. Es ist die Basis für gezieltes und effektives Handeln. Struktur gibt Regeln vor, nach denen etwas getan, geordnet und gegliedert werden kann.

Eine klare Struktur hilft, Zusammenhänge zu erkennen, sie dient der Orientierung, schafft Sicherheit durch höhere Vorhersagbarkeit, erleichtert Entscheidungen für das eigene Handeln, räumliche und zeitliche Bezüge werden verdeutlicht.

d) *Regelmäßige Erhebung, Verfahren der Dokumentation*
Die regelmäßige Erhebung und das Verfahren der Dokumentation sichert die Qualität von Feinwerk. Mit dem einheitlichen Verfahren wird für die Teilnehmer und Angehörigen eine Verlässlichkeit und Transparenz geschaffen, die verständlich ist und Sicherheit gibt, wie denn die Berufsbil-

dung gestaltet wird. Mit dem festgelegten Verfahren der Dokumentation werden Standards geschaffen und der Verlauf von Feinwerk, die Ziele und Maßnahmen werden planbar, überprüfbar und es kann eine Auswertung erfolgen.

Bürgerzentrierte Planungsprozesse bei Zukunftsfesten

Für die Berufsbildung Feinwerk bietet die bürgerzentrierte Zukunftsplanung eine gute Möglichkeit, in Umbruchssituationen neue Wege zu planen.

In Feinwerk werden Methoden der Zukunftsplanung zum einen für die Erstellung eines Berufsorientierungsplanes genutzt, bei dem die nahe Zukunft der nächsten anderthalb bis zwei Jahre geplant und in einzelnen Schritten festgelegt wird.

Zum anderen wird gegen Ende von Feinwerk ein Zukunftsfest mit Angehörigen und dem sozialen Umfeld veranstaltet, um zu klären, wie die persönliche und berufliche Zukunft der Teilnehmer von Feinwerk aussehen könnte.

Auch für Eltern, Geschwister und Freunde bietet die Zukunftsplanung eine große Chance, mit mehr Klarheit und untereinander abgestimmt Menschen mit Behinderung auf deren eigenem Weg zu begleiten.

Zukunftsfeste zu machen, bedeutet miteinander in eine Richtung zu schauen (Boban, Hinz, 2005, siehe auch den Beitrag von Stefan Doose in diesem Band).

Kommunikation

»Ich zeige, was ich will« – ist ein Ausdruck von Selbstbestimmung. Manche Teilnehmer können nicht selber sagen, was sie wollen und was nicht. Aber sie zeigen vieles mit Gesten, einem Gesichtsausdruck, einer Zugewandtheit oder Abgewandtheit. Meiner Einsicht nach wollen sie den Fachkräften immer wieder sagen: *»Schau mal hin, ich zeige dir, was ich möchte oder nicht möchte«*. Die Anerkennung der Selbstbestimmung der Teilnehmer ist eine Grundlage der Arbeit von Feinwerk und führt zu einer Haltung

gegenüber den Menschen, die sich durch Empathie sowie Respekt vor der Sicht von Anderen und deren Entscheidungen auszeichnet. Es geht um das »Streben der Beschäftigten nach ihrem eigenen Lebensweg« und darum, »gemeinsam mit Eltern/Angehörigen und Mitarbeitern verlässliche und lebendige Grundlagen zu schaffen« (Leben mit Behinderung Hamburg, 2002, S. 3).

Menschen mit hohem Unterstützungsbedarf können oftmals verbal nicht umfassend kommunizieren. Sie zeigen mit ihren Möglichkeiten der Kommunikation, also durch Sprache, Worte, Gesten, Mimik, Laute, Körperhaltung, was sie wollen. Fachkräfte müssen sich darauf einlassen und im Alltag Anknüpfungspunkte bieten, immer wieder Alternativen aufzeigen, die eine selbstbestimmte Gestaltung ermöglichen. Eine Grundhaltung für die Fachkräfte ist deshalb von Respekt, Empathie und Akzeptanz von Individualität geprägt. Die Fachkräfte nehmen sich in der Bewertung zurück, reflektieren die Kommunikationssignale und richten den Fokus auf die Frage: Was wollen die Teilnehmer ausdrücken? Gemeinsam im Team werden solche Fragen beantwortet und der Bereich der Kommunikation, also eine Verständigung miteinander auch ohne verbale Sprache zu erreichen, ist zentral für den Erfolg einer Berufsbildung.

Aus diesem Grund werden Elemente begünstigt, die sich dem Thema Kommunikation annehmen, und es wurde eine Abfrage zur Kommunikation entwickelt (vgl. Abbildung oben).

Kommunikationsabfrage zur Berufsbildung Feinwerk

Die Kommunikationsabfrage schärft den Blick dafür, wie der Teilnehmer kommuniziert und sich mitteilen kann. Unabhängig von der Art der Kommunikation, ob jemand Lautsprache nutzt oder nicht, kommt der Frage, wie sich jemand mitteilt, eine besondere Bedeutung zu. Die Fachkräfte beobachten und tragen Informationen zusammen, wobei hier das Verhalten einer Person mehr aussagen kann als das, was eine Person sagt. Deswegen beobachten die Fachkräfte verschiedene Situationen und beschreiben, was geschieht.

Feinwerk – Methodische Grundlagen

Teilnehmer/in:	Tagesstätte:
Fachkraft/Assistenzkraft:	Arbeitsbereich:
Datum:	Kommunikationsabfrage Nr.:

Wie wird kommuniziert? IST-STAND

Art der Kommunikation	Verbale Sprache	☐	Versteht verbale Sprache	☐	Kann Ja/Nein-Antworten geben	☐	Kommuniziert über Mimik, Gesten	☐
Verstehen	Versteht mehrere Anweisungen	☐	Versteht nur eine Anweisung	☐	Versteht Anweisung, aber kann sie nicht umsetzen	☐	Versteht die Anweisung nur bei Hinführung und Begleitung	☐
Antrieb/ Motivation	Ist von sich aus sehr bereit, sich mitzuteilen	☐	Ist bereit, sich mitzuteilen	☐	Kann sich von selbst schwierig mitteilen oder ist mäßig bereit dazu	☐	Benötigt Aufforderung, muss zum Gespräch angeregt werden	☐
Kurze Beschreibung der Kommunikation	Art/Weise	☐	Häufigkeit	☐	Genauigkeit	☐	Komplexität	☐
Gibt es Hilfsmittel?	Bildkarten	☐	Talker	☐	Big Mack	☐	Körperreaktionen	☐

Bitte Zutreffendes ankreuzen

Es finden regelmäßige Gespräche im Team mit dem Teilnehmer sowie auf Wunsch auch mit selbst gewählten Vertrauenspersonen oder Angehörigen statt. Dadurch soll sichergestellt werden, dass die Teilnehmer ihre Wünsche und Bedürfnisse deutlich machen können. In einem ausführlichen Gespräch mit den Betroffenen, ihren Eltern, Angehörigen und

Lehrern werden zu Beginn der Berufsbildungsphase die Wünsche und Fähigkeiten aufgenommen und festgehalten. Ziel ist es, möglichst zeitnah die Fähigkeiten zu erfassen und in den Verlauf der Berufsbildung einzubeziehen.

Hilfen im Bereich der Kommunikation gibt es vielfältige, aber auch individuelle Hilfen, wie eingeübte Gesten, Abläufe und ein bestimmter strukturierter Ablauf sowie ein lernförderliches Klima sorgen für eine gute Kommunikation.

Die Fachkräfte treten in einer besonderen Rolle auf: als Vermittler von Wissen, von Arbeit, von Bildung, von Strukturen und Regeln. Berufliche Bildung geht von individuellen Lernvoraussetzungen aus und erfordert die Öffnung zu Vielfalt und Vielseitigkeit.

Durch Kenntnisse der Entwicklungsstufen im Bereich der Kommunikation sowie durch Verknüpfung der sozialen Fähigkeiten, der eigenen Fantasie, der Möglichkeiten zu abstrahieren und damit nonverbale oder sprachliche Kommunikation für sich nutzen zu können, erhalten die Fachkräfte eine breitere Sichtweise auf das Verhalten und die Möglichkeiten, die ein Mensch mit hohem Unterstützungsbedarf hat.

4. Prinzipien des Lernens
Ausgangspunkt für didaktische Grundlagen

Feinwerk orientiert sich an den Interessen und Fähigkeiten der Teilnehmer im Sinne des Empowerment-Ansatzes. Die Methoden, die angewendet werden, spiegeln das individuelle Lernen innerhalb einer Arbeitsgruppe und innerhalb von Kleingruppen wieder. Didaktische Grundlagen, die wir für unsere praktische Arbeit heranziehen, sind unter anderem die Ansätze ETEP und TEACCH. Weitere Aspekte wie »Arbeit und Bewegung« oder »Bürgerzentrierte Planungsprozesse in Unterstützerkreisen bei Zukunftsfesten« werden an anderer Stelle dargestellt.

ETEP bezeichnet ursprünglich eine Entwicklungstherapie (ET) / Entwicklungspädagogik (EP) für Kinder und Jugendliche mit massiven Verhaltensproblemen. ETEP basiert auf einer Mischung von behavioristischen und psychodynamischen Theorien der kindlichen Entwicklung. Das Verhalten eines Kindes wird als ein fortwährender, dynamischer Prozess angesehen. Die physische und psychische Grundausstattung eines Kindes steht mit den Einflüssen aus der Umwelt in Wechselwirkung.

Je nachdem wie die Umwelt auf das Kind reagiert, macht es bestimmte Erfahrungen und verhält sich entsprechend dazu. Der wesentliche Aspekt des ETEP-Ansatzes, der für Feinwerk zu nutzen ist, besteht in dem zentralen Fokus, der auf die Rolle des Erwachsenen (gemeint sind Assistenzpersonen) gerichtet wird, und deren Interventionstechniken. Ausgegangen wird von einem humanistischen Menschenbild, der Ganzheitlichkeit und dem Menschen als sozialem Wesen. Der Blick richtet sich wie beim Empowerment-Ansatz auf die Kompetenzen und Fähigkeiten des Kindes. Freudvolle und konstruktive Verhaltensweisen werden dem Kind bewusst gemacht, durch die positiven Erfahrungen steigert sich die Motivation und es wachsen neue positive Verhaltensweisen. Außerdem dient ETEP als Programm zur präventiven Arbeit beim Aufbau von Verhaltenskompetenzen. Die Förderung zielt auf den Ausbau sozial-emotionaler Fähigkeiten und orientiert sich an den Stärken und Ressourcen der Kinder bzw. Jugendlichen (Benkmann, Bergsson, 1994, S. 73-101). Bezogen auf Feinwerk bedeutet das unter anderem, auf positive Verhaltensweisen der Teilnehmer mit Anerkennung sowie mit positivem Feedback zu reagieren und diese so zu bestärken.

Der TEACCH-Ansatz bietet verschiedenste Anregungen, die im Rahmen der Strukturierung des Arbeitsalltags für die Arbeitsorganisation und für jeden einzelnen behinderten Mitarbeiter genutzt werden können.

TEACCH (Treatment and Education of Autistic and related Communication handicapped CHildren) will einerseits individuelle Stärken in Lernsituationen gezielt nutzen, andererseits die Folgen der typischen Schwierigkeiten hier vor allem von Menschen mit Autismus erkennen und entsprechende Hilfestellungen geben. Es ist ein undogmatischer Ansatz, der rein pragmatisch verstanden wird, »fühlt sich keiner bestimmten Ideologie oder Therapieschule verpflichtet und stützt sich auf wissenschaftliche Erkenntnisse und praktische Erfahrung« (Häußler 1999, S. 52-61). Viele Strategien können auch bei Menschen mit hohem Unterstützungsbedarf das Lernen erleichtern.

Hauptelemente des TEACCH-Ansatzes sind die Strukturierung und Visualisierung. Dem strukturierten Lernen liegen zwei Grundprinzipien zugrunde. Der Welt Sinn und Zusammenhang zu geben, als auch die Notwendigkeit, die Umweltgestaltung an die jeweiligen Schwierigkeiten der Person anzupassen, um den Einsatz der individuellen Stärken zu maximieren und die Auswirkungen der Schwächen zu minimieren. Ziel ist es, für jeden Menschen ein Optimum an Lebensqualität und Selbstständigkeit im Rahmen der individuellen Möglichkeiten zu erreichen. Dies beinhaltet unter anderem eine individualisierte Gestaltung der Umwelt.

Es gibt unterschiedliche Ebenen der Strukturierung im Structured Teaching (strukturiertes Lernen):
- Strukturierung von Raum und Zeit
- Organisation zur möglichst selbstständigen Durchführung einer Tätigkeit
- Strukturierung von Aufgaben bzw. Gestaltung von Arbeitsmaterialien
- Einübung von Routinen (Handlungsabläufe, die eine bestimmte Vorgehensweise für bestimmte wiederkehrende Probleme oder Situationen vorgibt)

Die konkrete Form der Strukturierung kann völlig unterschiedlich sein und muss in jedem Einzelfall individuell entschieden werden. Es sollte auf jeden Fall bedacht werden:

1. Wissen die Teilnehmer, wo sich die Dinge befinden bzw. wo sie sich selbst befinden oder aufhalten sollen?
2. Ist ihnen klar, was auf sie zukommt und wann etwas passiert?
3. Wissen sie, welche Aufgaben sie tun sollen und in welcher Reihenfolge?
4. Besteht Klarheit darüber, wie mit dem Material umzugehen ist und wie die Aufgabe erledigt werden soll?
5. Haben die Teilnehmer eine Strategie, mit bestimmten wiederkehrenden Situationen umzugehen, wie z. B. dem Beenden einer Tätigkeit?

Wenn diese Fragen mit Nein beantwortet werden, sollte nach Strukturierungshilfen gesucht werden, die die Situation klären und zum besseren Verstehen und Handeln beitragen.

Aktivität und Emotion

Über die Berufsbildung hinaus sollen die Lernerfolge der Teilnehmer für alle Lebensbereiche nutzbar gemacht werden und zum selbstständigen Handeln beitragen. Daher sind bei Feinwerk die Inhalte und Grundlagen der Umsetzung so ausgerichtet, dass eine Prozessgestaltung und »aktives Lernen« (Lilli Nielsen, 1995) ermöglicht wird. Für den Vermittlungsprozess von Arbeitsinhalten und Bildungsanteilen greifen wir auf Methoden zurück, die ebenso an »Aktivität« anknüpfen.

Lernvoraussetzungen können wesentlich begünstigt werden, wenn es gelingt, an vorhandene Motivation und Emotionen bei den Teilnehmern anzuknüpfen.

Emotionen

Eine Emotion ist eine psychologische Veränderung des Zustandes, die sowohl durch äußere sinnesempfindliche Reize, als auch durch kognitive Prozesse, wie Bewertungen, Vorstellungen und Erwartungen in Abhängigkeit zu bestimmten Situationen steht (dtv Wörterbuch, 1994, S. 139).

Nach Bundschuh wirken Emotionen in »jeder Begegnung mit einer Situation« (Bundschuh, 2003, S. 122) und bewerten diese für die Person als »angenehme und unangenehme«. Emotionales geht dem kognitiven Prozess voran, fördert oder verhindert diesen. Laut Bundschuh begleiten Emotionen die weitere Verarbeitung im Nervensystem. Emotionen sind bei jedem Menschen unterschiedlich, beabsichtigt oder nicht. »Lerninhalte, die Emotionen auslösen, erhöhen die Aufmerksamkeit« (ebenda). Das Wissen darum sollten die Fachkräfte in ihrer Anleitung und Assistenz berücksichtigen. Denn Menschen mit hohem Unterstützungsbedarf können sich infolgedessen Dinge besser merken, wenn sie emotional beteiligt sind. Denn die Aufmerksamkeit oder sogar die Gedächtnisleistung erhöhen sich, wenn es gelingt, einen Teilnehmer an der Tätigkeit emotional zu beteiligen.

Motivation
Motivation entsteht durch bewusste und unbewusste Faktoren, aufgrund derer wir handeln. Hierunter sind psychische Vorgänge, wie Antrieb, Bedürfnisse und Interessen zu verstehen (Lexikon 1998, S. 204).

Die emotionalen Prozesse ergeben sich entweder aus dem Lerngegenstand selbst oder werden durch einen Vermittler im Subjekt hervorgerufen und motivieren den Menschen zu lernen. »Hierdurch entwickeln sich Neugierde und Interesse, den Lerngegenstand oder die Tätigkeit kennenlernen, erobern und sich aneignen zu wollen« (Bundschuh, 2003, S. 125). Emotionen begünstigen die Motivation, aktiv und Handelnder zu werden. Diese zeigt sich in zielgerichteten Handlungen, wie etwa ein hohes Maß an Konzentration auf einen Lerngegenstand. Ebenso kann die Emotionalität aber auch einen hohen Anteil an Aktivität enthalten, der sich in ungeordneten Tätigkeiten entladen kann und eventuell zielgerichtete Handlungen stört.

Negative und positive Informationen werden nach Edlinger und Hascher (2008, S. 60) nur oberflächlich verarbeitet. »Lerninhalte sind langfristig abrufbar, je mehr passende Assoziationen, je mehr Möglichkeiten einer vielfältigen Zuordnung schon da sind« (Vester, 2007, S. 89). Festzuhalten ist deshalb, dass Emotionen, ansprechende Bilder, interessantes Material, interessante Beteiligungs- und Teilhabeformen für die Gestaltung arbeitsweltbezogener Bildung und Tätigkeit vorrangig zu beachten sind.

Lernvoraussetzungen

Die Erweiterung der eigenen Erfahrungswelt geschieht bei Menschen mit hohem Unterstützungsbedarf vor allem über das Erleben, über die verschiedenen Sinnesorgane.

Merkmale von handlungsorientierter Bildungs- und Arbeitsanbahnung sowie Merkmale der Durchführung und/oder Übernahme von Tätigkeiten können wie folgt beschrieben werden:

- Spricht KOPF – HERZ – HAND an.
- Sieht den Teilnehmer als aktives Subjekt, als Bürger mit Rechten.
- Knüpft an Alltagserfahrungen an.
- Ist realitäts- und situationsbezogen, schafft Lernorte, die auch außerhalb von Institutionen liegen.
- Berücksichtigt die schrittweise entstehende Entwicklung und stufenweise Verinnerlichung von Gelerntem.
- Fördert Kommunikation durch Verknüpfung von Handlung und Sprache/Gesten, Mimik oder anderen Signalen, auch mit Mitteln der Unterstützen Kommunikation.
- Ist offen und veränderbar in der Planung und schließt die Teilnehmer in die Planung mit ein.
- Tätigkeiten werden darauf ausgerichtet, dass sie für die Teilnehmer sinnvoll, überschaubar und erlebbar sind.
- Hat Selbstständigkeit und aktive sowie passive Teilhabe an Arbeit, Bildung und Gemeinschaft zum Ziel.
- Nimmt Rücksicht auf zukünftige Bedeutung, z.B. in Bezug auf einen gewünschten Arbeitsplatz, Bereich oder Ort.

Entwicklung und Lernen können nur entstehen, wenn es einen Wechsel zwischen Stabilität und Instabilität (Boenisch, Daut, 2002, S. 9-13) gibt. Das erfordert, eine Balance zwischen diesen beiden Polen, individuell für jeden Teilnehmer, herzustellen. Feinwerk schafft Wechselwirkungen zwischen Vertrautem und Neuem. Jeder Arbeitsschritt ist zunächst neu, will gelernt werden und stellt eine Herausforderung dar. Ist die Aneignung dieser Tätigkeit erfolgt, so kann der nächste Schritt folgen. Es gestaltet sich ein Wechselspiel von An-/Herausforderung und Routine, verbunden mit den Gefahren, die Unterforderung bzw. Überforderung darstellen können. Neben den Angeboten in den Arbeitsgruppen bieten sich neue Angebote in Form von Projekten an, wie in der Fortbildungsveranstaltung »Masken herstellen« beschrieben wurde.

Ein *lernförderliches Klima* entsteht durch gegenseitigen Respekt, verlässlich eingehaltene Regeln, klare Strukturen, Verantwortungsübernahme, Unterstützung, abgestimmt auf das nötige Maß, und eine gute Atmosphäre in der Gruppe. Der Teilnehmer kennt die Fachkräfte und Assistenten, ist vertraut mit den Räumlichkeiten, findet sich in der Struktur der Gruppe und der Tagesstätte zurecht und erhält die Unterstützung, die notwendig ist.

Deshalb geht es darum, Stärken sichtbar werden zu lassen, vertraute Strukturen und Beziehungen zu stabilisieren, individuelle Unterstützungsbedarfe in Form von allgemeinen Hilfen, veränderten Strukturen oder arbeitsunterstützenden Geräten auszumachen und einzubeziehen.

Die Heterogenität im Bereich der Gruppenzusammensetzung und der Ausgestaltung der Arbeitsangebote ist für eine gelingende Weiterführung von Lernen und Entwicklung entscheidend. Menschen lernen voneinander und miteinander, jeder bringt sich mit seinen Kompetenzen und seinem Wesen ein. Das Lernen in Gruppen ist förderlich für die Teilhabe von Menschen mit sehr unterschiedlichen Kompetenzen.

Lehrplan

Hauptausrichtung von Feinwerk ist die praktische Ausbildung der Teilnehmer auf der Basis individueller Planung und Zielfestlegung. Der Lehrplan gestaltet die Grundlagen der Berufsbildung Feinwerk und zeigt die pädagogischen Leitideen, die Entwicklungsmöglichkeiten und -bedarfe

auf. Folgende Bereiche werden in der Grundstruktur des Lehrplans besonders beachtet:
- Der lebenspraktische Bereich umfasst pflegerische und hygienische Erfordernisse, das Einnehmen von Getränken und Mahlzeiten, Verkehrssicherheit, Orientierung in bekannter oder fremder Umgebung, zeitliche und strukturelle Orientierung.
- Die Arbeitsbereiche werden in jeder Tagesstätte vorgehalten und weiterentwickelt oder neu gestaltet. Arbeitsangebote finden sich im kunsthandwerklichen oder künstlerischen Zusammenhang, im Rahmen von Dienstleistungen und zunehmend als Außentätigkeit für die Gemeinschaft im Stadtteil.
- Kommunikation ist ein zentrales Anliegen, um soziale Fähigkeiten und das Selbstbewusstsein zu stärken. Sie wird im Alltagsgeschehen als auch auf die Gruppe bezogen im Morgenkreis eingeübt sowie in Form von Unterstützter Kommunikation gezielt eingesetzt oder neu eingeführt. Externe Fachleute unterstützen die Verbesserung der Kommunikationswege.
- Die sozialen Fähigkeiten betreffen die Möglichkeiten des Teilnehmers, sich auf Menschen, auf eine Gruppe einzulassen, Kontakte einzugehen, zu halten und dabei gemeinsam tätig zu werden oder an Aktivitäten teilzunehmen.

Kognitive Besonderheiten

Eine effektive Begleitung von Menschen mit hohem Unterstützungsbedarf setzt voraus, dass auf die individuellen kognitiven Besonderheiten, die das Lernen erschweren könnten, eingegangen wird.

Es kann sich um
- Probleme der Generalisierung handeln, d.h. Gelerntes kann nicht wie selbstverständlich auf andere Situationen übertragen werden.
- Es fällt der Person schwer, die Aufmerksamkeit zu lösen und auf etwas Neues zu richten.
- Gehörtes in Verbindung zu etwas Geschehenem zu setzen.

- Den Wechsel zwischen den Sinneskanälen nachzuvollziehen.
- Es entstehen Probleme bei der zeitlichen Organisation, dem Überblicken von Abfolgen, von Ereignissen und dem Verknüpfen von räumlichen Bezügen mit Inhalten und Zeiten.
- Es kann schwierig sein, die Bedeutung von z.b. zwischenmenschlichen Gesten und der verbalen Sprache zu erfassen.
- Es können Gedächtnisprobleme eine Rolle spielen, z.b. sich erinnern, wohin jemand gerade unterwegs war.
- Schwierigkeiten, Entscheidungen für sich oder andere zu treffen.
- Abstrakte Vorstellungen zu entwickeln.
- Dem Verhaften in Routinen.

Diese Besonderheiten gilt es bei Feinwerk in der täglichen Arbeit zu berücksichtigen. Es gibt unzählige Anlässe verschiedenste Bildungsinhalte zu vermitteln. Beispiele für Bildungsinhalte sind:

- Wie hört es sich an, wenn ich etwas schneide – im Unterschied zwischen Apfel, Salat, Brot?
- Wie fühlt sich ungeschliffenes gegenüber geschliffenem Holz an?
- Wie fühlen sich die Gegenstände und Materialien an, mit denen wir arbeiten?
- Wie klingen sie? Wie klingen Werkzeuge, Maschinen, Geräte?
- Welchen Unterschied macht es, beide Hände bei der Arbeit zu benutzen oder nur eine?
- Wie riecht frisch gemahlener Kaffee im Unterschied zu den ungemahlenen Kaffeebohnen?
- Unterscheidung zwischen Warm und Kalt empfinden, z.B. Eiswürfel und ein Heizkissen befühlen.
- Gerüche wahrnehmen, wie riechen Holzspäne oder frische Wolle vom Schäfer?
- Extreme Gerüche selber herstellen.
- Sich kognitiv damit befassen, wie ein gesamter Produktionsverlauf aussieht oder wofür die Produkte benutzt werden.
- In dem Arbeitsbereich Lebensmittelverarbeitung und -herstellung

wird eine Produktion mit jahreszeitbedingten Gegebenheiten verknüpft.
- Woher kommt das Papier, wie entsteht es, was haben Papier und Bäume miteinander zu tun, woher kommt das Holz, was wir benutzen. Wie riecht es, wie sieht es im Wald aus?
- Wie zeige ich, dass ich wütend oder glücklich bin?
- Wie fühlen sich meine Füße oder Hände an, wenn ich auf unterschiedliche Böden wie Sand, Stein, Matsch, Wasser, Teppich trete oder sie berühre?

Im Rahmen von Feinwerk werden Ideen und Themen in einer Sammlung festgehalten, die allen Tagesstätten von Leben mit Behinderung Hamburg zugänglich ist. Die Fachkräfte können so auf lange Sicht von diesem Fundus profitieren und immer wieder Anregungen erhalten, sich einem Thema zuzuwenden und entsprechend zu bewältigen. Formale und materiale Bildungsinhalte werden so anschaulich verknüpft. Im Unterschied zum bisherigen Arbeitsalltag in Tagesstätten fließen bewusst und zielgerichtet Bildungsinhalte ein. Materiale Bildung beinhaltet eine Vielseitigkeit zu schaffen. Bildungsinhalte können auch aus allgemeinbildenden Themen entstehen und sich mit einem sachkundlichen Thema befassen, wie z.B. Gefühle zeigen, Dinge unterscheiden oder die Wahrnehmung schulen.

Lernziele

Im Folgenden möchte ich beispielhaft am Arbeitsbereich Filzen die Vielfalt der Lernziele vorstellen. Das Filzen ist eine Tätigkeit in einem Arbeitsprozess Textil, aufgeteilt in verschiedene Phasen des Lernens. Dem Teilnehmer eröffnet sich eine neue Erlebniswelt.

a) Erlernen einer ungewöhnlich vielseitigen Technik: das Filzen.
b) Unterschiedlichste Formen kennenlernen, vieles kann aus Wolle geformt werden.
c) Aus einem nassen, formlosen Wollhaufen entsteht innerhalb kurzer Zeit, auch ohne Einsatz von Werkzeugen, ein Filzprodukt.

d) Kennenlernen verschiedener Verwendungsmöglichkeiten von Filz.

e) Zusammenspiel zwischen Material, Formgebung und Technik, das Kennenlernen der Eigenschaften von Wolle. Wichtig hierbei ist zu erleben, vielleicht auch zu verstehen, wie sich die Fasern unter unterschiedlichen Bedingungen und Einflüssen verhalten.

f) Den Vorgang des Walkens erlernen, die Wolle hin- und herbewegen, so dass sie verfilzt.

g) Lernen, mit Hilfsmitteln, wie Filzbrettern oder Unterlagen (Automatte geriffelt) zu arbeiten.

h) und allgemeine Bildungsziele: die Erfahrung, dass etwas Neues entsteht; wie ein Produkt herzustellen und zu verkaufen ist auf Verkaufsmärkten im regionalen Umfeld, in verschiedenen Firmen und natürlich auch in der eigenen Tagesstätte.

i) Sinnliche Erlebnisse: Wolle fühlen und riechen, das Fett (Talg) spüren, dann den gefühlten Unterschied der gekämmten weichen Wolle wahrnehmen.

j) Fantasie entwickeln und die Möglichkeiten der Formgestaltung ausloten, die Filz bietet; gefilzte Formen weiterverarbeiten, sie aufnähen, anziehen, zusammenlegen.

k) Material erkunden und Gesichtspunkte des Verbrauchers kennenlernen.

l) Unterschiedlichkeit der Wolle kennenlernen (verschiedene Schafrassen).

m) Die Spender der Wolle, die Schafe, in ihrem Lebensumfeld erleben, auf deren Weide laufen, die Tiere streicheln, sie füttern.

Bei den beschriebenen Lernzielen und Bildungsmöglichkeiten wird deutlich, wie vielfältig ein Arbeitsbereich sein kann. Diese Vielseitigkeit lässt es zu, dass die Teilnehmer entsprechend ihrer Bedingungen lernen und sich einbringen können. Es zeigt auch, wie individuell die Lernziele abgestimmt werden müssen. Feinwerk ist keine Berufsbildung, die in einem festen Raster die immer gleichen Lernziele vorschreibt, sondern strebt einen Pool von Lernzielen an, die auf die jeweiligen Teilnehmer zugeschnitten werden.

Frau Wilsen walkt
Am Beispiel von Frau Wilsen zeigt sich, wie es mit der neuen Tätigkeit des Walkens gelang, eine sinnvolle Teilhabe mit aktiven eigenen Bewegungsimpulsen zu erreichen. Eine Fachkraft hatte begonnen wöchentlich mit Frau Wilsen zu filzen. Dabei schien sie sich zunächst nicht für das Walken, Rollen von Filz in einer Handtuchrolle, zu interessieren. Durch die gemeinsame wiederholende Durchführung über Wochen und die zugewandte Ansprache gelang es Frau Wilsen, ihr Interesse auf die Tätigkeit zu lenken und von anderen Impulsen wie den Kopf hängen zu lassen abzulassen. Sie richtete den Körper auf, den Kopf gerade – und ist seitdem dabei. Sie zeigt sich interessiert und nimmt Anteil. Die aktiven Impulse an Bewegung sind weiterhin gering, aber es ist gelungen sie sinnvoll zu beteiligen. Schon am Donnerstag früh morgens, wenn das Wort »Filzgruppe« fällt, schaut sie aufmerksam und zeigt durch ihre Körperhaltung und Gesichtsmimik, dass sie dorthin möchte. Die wöchentliche Arbeit in der Filzgruppe ist ein wichtiger Teil in ihrem Arbeitsleben geworden.

Entwicklungsziele

Der Lernprozess ist an Erfahrungen gebunden, die durch Wahrnehmungen sowie Informationen aus der Umwelt und deren Verarbeitung durch das Individuum entstanden sind.

Wie oben beschrieben, regt das verwendete Material die Fantasie und die Kreativität an. Alle Teilnehmer lernen und erweitern ihre Kompetenzen durch den Umgang mit dem Material.

In Anknüpfung an die Bedeutung von Emotionen, möchte ich hervorheben, »dass Personen emotional anregendes Material besser behalten können als neutrales« (Hascher, 2004, S. 610). Es gilt herauszufinden, welches Material von den Teilnehmern als ansprechend und damit emotional anregend empfunden wird, denn die Reaktionen sind durchaus unterschiedlich.

Die Materialerfahrung ist wertvoll für die *sensomotorische Entwicklung*. Teilnehmer erleben über den Umgang mit dem Material ihren Körper, verarbeiten die taktilen, kinästhetischen, visuellen und akustischen Reize. Das Material kann motivieren, sich zu bewegen, zu greifen, zu fühlen. Durch den Umgang mit dem Material wird die *kognitive Entwicklung* gefördert. Teilnehmer nähern sich dem Material an und lernen, es gezielt zu nutzen. Durch den Umgang mit dem Material wird die *emotionale Entwicklung* geformt. Es werden Gefühle beim Umgang mit dem Material geweckt, alte Erinnerungen wachgerufen, die neu verarbeitet werden. Die Herstellung beispielsweise eines Filzproduktes kann an die Filzpantoffeln des Vaters erinnern, die Fertigstellung führt zu einem Erfolg, stärkt das Selbstvertrauen und das Vertrauen in die eigenen Kompetenzen. Ebenso wird die *soziale Entwicklung* unterstützt, denn die Teilnehmer wirken gemeinsam in der Gruppe, sie erleben sich als wichtiges geschätztes Mitglied in der Zusammenarbeit, sie sammeln Erfahrungen im Umgang miteinander, z.B. im Konflikt eine Lösung zu finden, sich mit einem Anliegen durchzusetzen oder auch, einen Kompromiss einzugehen. »Material berührt, bestätigt, distanziert, drückt aus, erfindet, erinnert, erleichtert, fokussiert, (ver-)führt, gestaltet, konzentriert, lockt, motiviert, regt an, reagiert neutral und konsequent, schmückt, sensibilisiert, stimuliert, symbolisiert, tönt, überträgt, übt spielerisch und verbindet«, betont Helmut Köckenberger (2008, S. 76). Er ist der Überzeugung, dass der Umgang mit und die Erkundung von unterschiedlichen Materialien von entscheidender Bedeutung bei der Entwicklung eines Kindes sind. Diese Erkenntnisse lassen sich nach meinem Eindruck auf erwachsene Menschen mit hohem Unterstützungsbedarf übertragen. Auch der erwachsene Mensch lernt und profitiert auf vielfältige Weise von der Beschäftigung mit unterschiedlichen Materialien. Berufliche Bildung bietet die Möglichkeit, Materialerfahrung in Vielfalt zu sammeln.

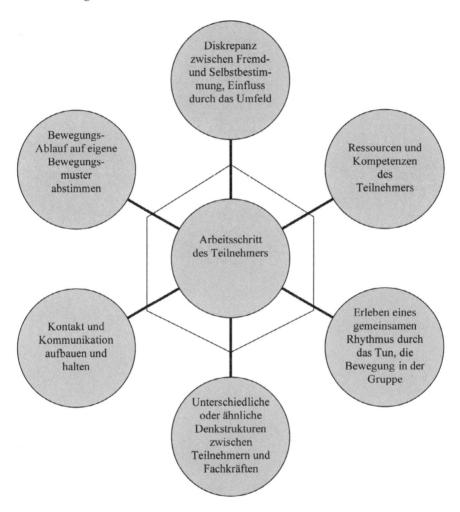

Abbildung: Einflüsse auf einen Arbeitsschritt

Einflüsse, die auf das Lernen wirken

Es wirken vielfältige Einflüsse auf die Teilnehmer ein, während sie einen Arbeitsschritt durchführen möchten:

1. Andere Menschen, Kommunikation sowie Bewegungen wahrnehmen, verstehen und gestalten.
2. Gemeinsame Bewegungen durchführen, Bewegungsabläufe erleben, abgewandelte Bewegungsabläufe üben, passive oder aktive Bewegungen andeuten und weiterführen oder aktiv einbringen.
3. Gemeinsame Erfahrungen machen, Teilnehmer und Fachkräfte erleben im gemeinsamen Rhythmus den Arbeitsgang und beide können ihn verändern.
4. Teilnehmer können vorgegebene Bewegungsabfolgen mit der eigenen Motorik abstimmen.
5. Möglichkeiten und Grenzen im Bewegungsverlauf und der Übertragung erfahren, es kann eine Beratung durch Ergotherapeuten und Krankengymnasten hinzugezogen werden.

Lernen durch Bewegung

Lernen braucht Bewegung, dies gilt im Besonderen für Menschen, die sich nur eingeschränkt mitteilen und bewegen können. Die Bedeutung der Motorik für das Verarbeiten, Speichern und Erinnern von Informationen ist bereits seit Längerem bekannt.

Die Beteiligung motorischer Zentren des Gehirns spielt offensichtlich eine wesentliche Rolle bei Verarbeitungs-, Lern- und Erinnerungsvorgängen (forumSchule Magazin, 2/2003). Die Hirnforschung zeigt, dass Muskelaktivitäten und speziell koordinierte Bewegungen zur Produktion von Neurotrophinen führen, die das Wachstum von Nervenzellen anregen und die Anzahl neuronaler Verbindungen vermehren. Dabei meint Bewegung mehr als einfach nur Sport, sondern motorische Aktivität im weitesten Sinne. Das Gehirn arbeitet nicht als isoliertes System unabhängig von weiteren Funktionsabläufen und aktuellen Zuständen im Gesamtkörper.

Muskelaktivität, Enzymhaushalt und Botenstoff-Milieus sind unmittelbar einbezogen und für Denk- wie Lernleistungen von großer Bedeutung.

Die Bielefelder Neurowissenschaftlerin Gertraud Teuchert-Noodt thematisiert in ihren wissenschaftlichen Ausführungen die Organisation und die Entstehung von Handlungen. Allein durch Bewegung und die damit eng verknüpfte Sensorik werden die für dauerhafte Lerneffekte grundlegenden Verbindungen zwischen Nervenzellen im Gehirn gebildet, erhalten und verstärkt. Ein Lernen ohne Bewegung, ohne Rückkopplung von Sensorik und Motorik ist somit kaum denkbar (Busche u.a., 2006). Kinder erkrabbeln, ertasten, erschließen sich motorisch handelnd die Welt. Die Neurowissenschaften beschreiben detailliert, wie Strukturen des Gehirns angelegt und wie im Laufe der Entwicklung bestimmte Funktionen ausgebildet werden. Die interne Verarbeitung der von unseren Sinnen aufgenommenen Reize und Impulse ist für die Verarbeitung im Gehirn entscheidend. Sie wird in sogenannten Regelkreisen oder Schleifen organisiert, die ineinander greifen und zur Reifung sowie Ausbildung der Strukturen und ihrer Funktionen beitragen. Die Entwicklung von Denk- und Wahrnehmungsleistungen ist eng an die Motorik gebunden. Sie benötigt motorische Fertigkeiten als Voraussetzung. Gleichzeitig sorgt Bewegung für eine ausgewogene Funktionsweise des zentralen Botenstoffsystems im Gehirn. Somit fördert Bewegung die Entstehung dauerhafter Lerneffekte.

Herumzappeln oder rumlaufen wird als Störung im Schulunterricht angesehen. Es gilt die Regel: »In einem richtigen Unterricht laufen wir nicht herum!« – dabei kann Bewegung durchaus selbstverständlicher Bestandteil des Unterrichts werden, indem man Bewegungsmomente in den Unterricht mit einbezieht. Informationen von einem Nachbarn holen, Aufsuchen einer anderen Gruppe bei der Gruppenarbeit, ein mathematisches Problem kooperativ lösen und einen Lösungsweg mit anderen vergleichen, in die Schulbücherei gehen oder in der Fußgängerzone bzw. »draußen vor Ort« recherchieren – all dies lässt sich nicht still sitzend am Platz bewerkstelligen (Bös, 2001). Mit diesen Aussagen, bezogen auf den Unterricht in Schule und mögliche Aktions- und Interaktionsformen, kommt Bewegung in den Lernprozess. Diesen Aspekt greift Feinwerk auf, indem in den Arbeitsprozessen als auch im Tages- und Wochenverlauf Bewegungsmomente selbstverständlich integriert werden.

Einmal aufstehen hilft gegen viele Geräusche

Valerie Jung ist in der Service-Gruppe einer Tagesstätte. Sie ist blind, hat einen umfassenden Unterstützungsbedarf. Frau Jung ist direkt nach der Schule in die Tagesstätte gekommen. Sie hat ein fröhliches Wesen und mag es, wenn es in der Gruppe lebendig zugeht. Sie kann viele unterschiedliche Geräusche wahrnehmen. In ihrer arbeitsfreien Zeit hört Frau Jung gern Musik oder Geschichten. Sie erkennt Musiktitel wieder, die sie zu Hause bereits öfter gehört hat. Im Verlauf der beruflichen Bildungsphase stellte sich heraus, dass Frau Jung einen enormen Bewegungsdrang hat und es ihr schwerfällt, sich zu festgelegten Zeiten auf ein Arbeitsangebot einzulassen. Über mehrere Monate wurde das Verhalten von Frau Jung beobachtet und die Erfahrungen festgehalten, um herauszufinden, wie ihr Drang nach Bewegung in den Arbeitsprozess besser eingebunden werden könnte. Die Auswertung ergab, dass Frau Jung noch keine ausgebildete Objektkonstanz hat. Sie kann sich an Personen, bereits Erlebtes oder befühlte Gegenstände in der Regel nicht sofort erinnern und auf diese Erinnerung zurückgreifen, sondern muss immer wieder von neuem Erfahrungen mit Personen, Gegenständen und Situationen machen.

Es wurde beobachtet, dass Frau Jung durch die Vertrautheit zu ihren Bezugspersonen Sicherheit erlangte. Außerdem wurde festgestellt, dass Frau Jung durch Wiederholung einzelner Tätigkeiten aus dem Arbeitsbereich zufrieden wirkte und unruhig wurde bei Situationen, wie z.B. der Mittagssituation, in der es zum Teil laut ist und viele verschiedene Geräusche zu hören sind, die sie anscheinend nicht einordnen konnte. Erstes Ziel wurde deshalb, dass Frau Jung weiter an Zutrauen gewinnt und sich auf die Atmosphäre während des Mittagessens einlassen kann. Hierzu gehörten zwei Maßnahmen.

1. Ihr wurde beim Essen einheitlich assistiert, sodass Frau Jung sich aktiv beteiligen konnte und an Sicherheit gewann.
2. Weiterhin wurden die unkoordinierten Bewegungsimpulse von Frau Jung aufgenommen, indem sie kurz vor dem Mittagessen ein konkretes Bewegungsangebot erhält.

Zu einer festen Zeit täglich um 11:45 Uhr richtete sich Frau Jung im ganzen Körper mit Unterstützung auf, ihr wurde aus dem Rollstuhl herausgeholfen und sie stellte sich auf. Ihr wurde währenddessen immer verbal geschildert, was man gemeinsam machen wollte. Als sie dann aufrecht stand, wurde sie ein paar Minuten festgehalten und spürte die Kraft ihres Körpers.

Es gelang durch Empathie, in das Empfinden und Erleben von Frau Jung Einblick zu bekommen und damit herauszufinden, um welche Zielsetzungen und Maßnahmen es bei Feinwerk gehen sollte. Mit den beschriebenen Maßnahmen gelang es, dass Frau Jung an Zutrauen gewann, sich besser in die Gruppe integrieren konnte und das Bewegungsangebot gerne angenommen hat. Sie wurde nach einigen Monaten während der Mittagssituation motorisch wesentlich ruhiger und konnte sich auf die Assistenzperson sowie das Essen selbst besser einlassen. Mit dieser gewonnenen Ausgeglichenheit gelang es Frau Jung, neue Angebote auszuprobieren, wie z.B. das Erlernen des Schleifens an einer speziell für sie angefertigten Holzschleifvorrichtung.

Menschen mit hohem Unterstützungsbedarf sind meist nicht in der Lage, einen Arbeitsschritt durchzuführen, der ihnen zuvor lediglich erklärt worden ist. Sie sind darauf angewiesen, dass sie an die Arbeit über das gemeinsame Handeln, also über Bewegung, herangeführt werden. Den Zusammenhang zwischen Lernen und Bewegung aufzugreifen ist entscheidend für das Ausführen sinnvoller Tätigkeiten und für die Fähigkeit, sich bilden oder weiterbilden zu können. Hein Kistner geht noch einen Schritt weiter und widmet sich der Unterschiedlichkeit von Bewegungsabläufen und deren Wirksamkeit für den Teilnehmer. So entsprechen dem einen eher weit ausholende Bewegungen, während ein anderer auf kleinteilige, begrenzte Bewegungsabläufe angewiesen ist. Er beschreibt in einem Beispiel Frau Huber, die nach ersten abrupten Bewegungen beginnt, sich zu rhythmisieren und zu harmonisieren (Kistner 2005, S. 22). Sie findet durch tägliche Übung »manchmal nur wenige Minuten lang« (ebenda S. 39) allmählich Zugang zu ihrem Arbeitsplatz. Solche Erfahrung machen wir auch bei Feinwerk. Wenn entsprechende Arbeitsbewegungen einbezogen werden und der Arbeitsschritt durch Beharrlichkeit und Wiederholung über längere Zeit erprobt werden kann, kommt es für die meisten Teilnehmer zu einer erfolgreichen Teilhabe an Arbeit.

Kistner formuliert für eine erfolgreiche Teilhabe an Arbeit folgende Zielsetzungen: »Damit eine Arbeitsplatzwahl möglich wird, sollen Arbeitsplätze in verschiedenen Gewerken angeboten werden« und »Die Arbeitsbewegungen sollen so gestaltet werden, dass sie entwicklungsfördernd sind« (S. 12). Den ersten Aspekt der verschiedenen Gewerke greifen wir auf, indem der Teilnehmer verschiedene Arbeitsbereiche einer Tagesstätte oder Arbeit durch angebotene Projekte kennenlernen soll und kann. Den Aspekt der Arbeitsbewegungen und die vielen Anregungen, die Kistner in seinem Buch zu Verknüpfungen von speziell konzipierten Geräten und Arbeitsbewegungen gibt, konnten wir für Feinwerk sehr sinnvoll nutzen. Arbeitsunterstützende Geräte zu Varianten der Schleifbewegung im Bereich Holzarbeit (S. 86-100), die vor allem für Menschen geeignet sind, die gut grobmotorische Bewegungen, manchmal auch nur in eine Richtung ausführen können, sind gut nachzubauen. Die Selbstständigkeit wird hier vor allem berücksichtigt und die Eigenbewegungsmöglichkeiten werden genutzt. Kistner schreibt: »Menschen mit schweren Behinderungen haben oftmals keine Möglichkeit, einmalige, schnelle, zielgenaue und fein koordinierte Arbeitsbewegungen auszuführen« (S. 80). Vielfältige parallele Anforderungen und zeitlich schnelle Abfolgen sind häufig nicht zu bewerkstelligen, aber wenn die Bewegungen »wiederholt und rhythmisch erfolgen«, werden sie realisierbar. Kistner bringt vielfältige Ideen zu den Bewegungsabläufen ein, wie z.b. ein Mensch besser im Stehen den ganzen Körper bei den Arbeitsbewegungen einbringen kann und welche Arbeitsgeräte für solche Bewegungsabläufe geeignet sind. Kistner macht deutlich, dass »Arbeiten zu bevorzugen sind, die mit dem ganzen Körper ausgeführt werden können« (S. 81). In einer Tagesstätte gibt es in der Kerzengruppe ein Arbeitsgerät, welches im Stehen bewegt werden kann. An einem Griff, der in einer Bahn geführt wird, wird gezogen, die Dochte bzw. dünnen Kerzen werden in das Wachs eingeführt und mit der Rückbewegung wieder herausgezogen. So entstehen Ziehkerzen. Der Bewegungsablauf ist gut koordinierbar und kann alleine oder gemeinsam ausgeführt werden. Der Teilnehmer bewegt beim Ziehen und Zurücklassen den ganzen Körper, es kann im Stehen, aber auch im Sitzen und im Rollstuhl gearbeitet werden. Die Individualität von Bewegungsmustern und -möglichkeiten der Teilnehmer wird berücksichtigt, wie viel, was und wie lange am Stück gearbeitet werden kann. Kistner schreibt dazu: Der »Umfang und die Dauer des Arbeitstages sowie der Tages- und Wochenrhythmus sind individuell zu regeln«. Dieses Verständnis für die individuelle Situation ist Voraussetzung für eine gelingende Berufsbildung.

Schlüsselqualifikationen und Arbeitsprozessqualifikationen vermitteln

Feinwerk baut auf den Grundlagen der schulischen Bildung auf. Es wurden entsprechende nachschulische Qualifikationsbereiche selbst entwickelt bzw. aus der WfbM übertragen, verfeinert oder weiterentwickelt. Bei Feinwerk sind vor allem die Schlüsselqualifikationen von entscheidender Bedeutung. Die *Kulturtechniken* dienen als Basisqualifikation für den beruflichen Bildungsprozess, wie z.B. Verständnis von Worten, Buchstaben oder Symbolen für die Organisation von arbeitsrelevanten Prozessen, der Umgang mit Zahlen für Zählarbeiten oder Tätigkeiten im Verkauf.

Die *Arbeitsprozessqualifikation* verweist auf die Entwicklung arbeitsrelevanten Verhaltens, das Erkennen von Arbeitsbedingungen, Umgebungseinflüssen und das angemessene Reagieren darauf. Auch die Arbeitsplanung sowie die Durchführung einzelner Arbeitstätigkeiten, -schritte oder eines Prozesses im Produktions- und Dienstleistungsbereich gehören dazu. Arbeitsorganisation ist die Fähigkeit, eine gestellte Aufgabe unter Berücksichtigung der technischen, administrativen und personellen Bedingungen im Hinblick auf ein optimales Zusammenwirken zu einem effektiven Ergebnis gliedern und strukturieren zu können.

Die Arbeitsbereiche werden bei Feinwerk differenziert betrachtet und in Unterschritte zerteilt, dieses sind unsere fachspezifischen Module. Die Arbeitsschritte, die umgesetzt werden, gehören entweder zu einem Produktions- oder Dienstleistungsbereich.

Inhalte der *allgemeinen Qualifikationen* sind die Förderung von Fähig- und Fertigkeiten, die zur allgemeinen Arbeitsausführung benötigt werden. Zu den allgemeinen Qualifikationen gehören auch überfachliche Qualifikationen, die zum Handeln befähigen sollen. Sie können nicht das Fachwissen ersetzen, sondern sind inhaltsneutral und finden Anwendung im tätigen Berufsleben und in zwischenmenschlichen Beziehungen. Diese werden in Form von individuellen Angeboten oder Gruppenarbeit umgesetzt. Auch der Bereich der Pflege wird unter den allgemeinen Qualifikationen berücksichtigt. Theorien von Speck»weisen Pflege, Therapie und Förderung – wenn auch nur aspekthaft – durchaus bildende Funktionen zu« (2003, S. 33-35). Diese bildenden Funktionen, vor allem im Bereich der Pflege, werden im Arbeitsalltag aufgegriffen. In Pflegesituationen wird z.B. eine Teilnehmerin motiviert, kleinste Bewegungen von sich aus auszuführen. Hierfür braucht die Fachkraft ein genaues Gespür, wie viel Kraft die Teilnehmerin aufwenden kann und wo ihre Grenzen sind. Mit dieser aktiven Ebene des Gesprächs und der Aufnahme von Bewegungsimpulsen, werden bildende Anteile in Pflegesituationen berücksichtigt.

Die *Schlüsselqualifikationen* führen zu einer Beteiligung an Arbeitsprozessen oder zu Beteiligung/Teilhabe an einzelnen Tätigkeiten. Die zentralen Kompetenzen wie Ausdauer, Motivation und Konzentration werden in die Dokumentation eines jeden Teilnehmers übernommen. Bildungsziele und Maßnahmen werden entsprechend vertieft. Ausdauer ist die Fähigkeit, sich einer Arbeitsaufgabe stetig zuwenden zu können, auch wenn diese kaum variiert. Motivation ist eine Antriebskraft oder die Energie etwas zu tun. Konzentrationsfähigkeit ist die Fähigkeit, die Aufmerksamkeit auf die unmittelbar den eigenen Arbeitsvorgang betreffenden Inhalte richten zu können. Die Schlüsselqualifikationen erhalten gerade bei Menschen mit einem hohen Unterstützungsbedarf einen zentralen Stellenwert, den es zu berücksichtigen gilt.

Die Teilnehmer qualifizieren sich nach ihren individuellen Fähigkeiten und Möglichkeiten. Es gibt verschiedene Wege zu lernen, sich zu bilden und seine eigene Erlebniswelt zu erweitern. In der Berufsbildung wird geplant, was gelernt werden soll. Daneben ist das »Wie« zu lernen und zu erfahren entscheidend, z.B. spielerisch einen Zugang zu einem Material zu finden oder ein konkretes Interesse in den Arbeitsprozess einzubeziehen. Nach Lamers kann eine Bildung durch »Bewegung, Wahrnehmung und Auseinandersetzung mit der Umwelt« (Lamers, Klauß, 2003, S. 44-51) geschehen. Diese Bewegungen und Betätigungsarten gelingen dann, wenn soziale Prozesse daran angeknüpft sind. Das gemeinsame Tätigsein wird als ein »interaktiver, sozio-struktureller und gesellschaftlicher Prozess« (ebenda) verstanden und dieser wirkt mit den eigenen Impulsen der Teilnehmer zusammen.

5. Dokumentationsverfahren

Die Dokumentation dient der Reflexion, stellt den Nachweis der geleisteten Arbeit dar und unterstützt die Ziel- und Wirkungsorientierung.

Da es noch keine Standards für eine Dokumentation zu einer Berufsbildung für Menschen mit hohem Unterstützungsbedarf gab, bestand die Notwendigkeit, ein eigenes Dokumentationssystem zu entwickeln. Auch hier wurden Anregungen aus dem Berufsbildungsbereich der Werkstätten und der wissenschaftlichen Forschung aufgenommen. In diesem System wurde versucht, möglichst knapp das Nötigste festzuhalten und gleichzeitig nichts Wichtiges zu vergessen.

Das entstandene Dokumentationssystem umfasst den gesamten Verlauf von Feinwerk. Es beginnt mit dem *Aufnahmefragebogen,* der aus der Stärken-Perspektive die Kompetenzen, Fertig- und Fähigkeiten abfragt, biografische Daten erhebt und besondere Interessen festhält. Diese Informationen bieten für die Startphase in Feinwerk grundlegende Erkenntnisse, auf denen sehr gut aufgebaut werden kann. Der Fragebogen ist in verschiedene Abfragebereiche unterteilt, so dass gezielt Eltern, Angehörige, Lehrer und Therapeuten einzeln befragt werden können.

Fortlaufende Berichte wie die *Abfrage Qualifikation* und die *fachspezifischen Module* zeigen die Entwicklung der Teilnehmer auf und führen die unterschiedlichen Ergebnisse bei den Überprüfungen und der Auswertung zusammen, so dass ein Gesamtbild entsteht.

Die Dokumentation hebt Aspekte hervor, bei denen festzustellen ist, was jemand gut kann und woran jemand besonderes Interesse hat. Es geht darum, kleine Veränderungen, die im Alltag zu beobachten sind, wahrzunehmen und kurz schriftlich festzuhalten, da »Kleinigkeiten« häufig im Alltag verloren gehen. Ziel ist mit Hilfe der Abfrage Prozesse zu erfassen und Fragestellungen zu entwickeln, die sehr differenziert und »kleinschrittig« sein können. Die Fragestellung wird festgelegt und mit der Dokumentation bearbeitet. Mit der Erstellung des *Berufsorientierungsplanes* und dessen Überprüfungen kann die Dokumentation und dessen Ergebnis einbezogen werden. So lässt sich aus den Beschreibungen eine gute Einschätzung ableiten und es ergeben sich somit Ansatzmöglichkeiten für eine gezielte Berufsbildung und Förderung.

Die Häufigkeit der Dokumentation wird individuell festgelegt und hängt von den jeweiligen Gegebenheiten, dem Thema und der Fragestellung ab. In einem Fall kann einmal wöchentlich dokumentiert werden über einen festgelegten Zeitraum von sechs Monaten bis zur nächsten Überprüfung. In einem anderen Fall kann es sinnvoll sein, über einen kurzen Zeitraum von vier Wochen zwei- bis dreimal wöchentlich ein Thema zu dokumentieren, anschließend die Dokumentation zu beenden und erst wieder aufzunehmen, wenn eine neue Fragestellung/Thematik bearbeitet wird. Die Dokumentation wird mit ihrem zeitlichen Rahmen festgelegt und die Maßnahmen werden dementsprechend durchgeführt.

Zu empfehlen ist, dass verschiedene Fach- oder Assistenzkräfte an der Dokumentation beteiligt sind, da unterschiedliche Personen auch verschiedene Blickwinkel haben und verschiedene Schwerpunkte bei der Beobachtung setzen. So bildet eine unterschiedliche Wahrnehmung stärker die tatsächlichen Fähigkeiten und Interessen der Teilnehmer ab.

Die Abfragen zur Qualifikation und die Dokumentation der durchgeführten fachspezifischen Module werden gesammelt und fließen mit ihrer Auswertung in die Berufsorientierungsplanung ein.

Beobachtung

Um die Kompetenzen und Wünsche eines Teilnehmers festzustellen, der nicht verbal kommuniziert, müssen diese im täglichen Umgang wahrgenommen werden. Es geht um vielfältige Formen der nonverbalen Kommunikation, die nicht immer leicht zu entschlüsseln sind. Allerdings ist reflektiert zu hinterfragen, was, warum und wie beobachtet wird. Denn jede Beobachtung enthält eine subjektive Sichtweise und nimmt damit auch den Charakter einer Hypothese an. Um Beobachtungen zu reflektieren und nutzbar zu machen, werden diese schriftlich festgehalten.

Das »Was« beinhaltet den Bereich und das Thema der Beobachtung. Hier geht es um die Beschreibung des Sachverhalts und die Festlegung eines konkreten Themas. Es kann bei der Beobachtung um ein Verhalten, die Umsetzung eines Arbeitsschrittes oder auch um soziale Kontakte und den Umgang miteinander gehen.

Das »Warum« reflektiert den Nutzen der Beobachtung und dient der Festlegung auf zentrale Aspekte. Beobachtungen werden nur festgehalten, wenn sie der Reflexion oder Ergänzung der Kommunikation dienen.

Das »Wie« spricht die Subjektebene der Beobachtung an. Fach-/Assistenzkräfte werden sich bewusst, was die eigene Beobachtung beeinflussen könnte und reflektieren die eigene Haltung.

Beispiele für Leitfragen der Beobachtung:
1. Welche Motivation ist vorhanden?
2. Was passiert auf der Beziehungsebene?
3. Welche Stärken hat der Teilnehmer, der beobachtet wird?
4. Wie lernt der Teilnehmer?
5. Wie ist die Interaktion mit anderen im Arbeitsprozess und Gruppenalltag?
6. In welchen Situationen ist Motivation vorhanden?
7. Was von den Beteiligungen in der Gruppe oder an Arbeit ist bisher gut verlaufen?
8. Hat der Arbeitsprozess oder -schritt einen erkennbaren »roten Faden«, so dass der Prozess oder der Schritt erfahrbar, verstehbar und durchführbar ist?
9. An welchen vorhandenen Fähig- und Fertigkeiten kann angeknüpft werden?
10. Gibt es bei den Angeboten der Tätigkeiten und der Dauer Auswahlmöglichkeiten?
11. Gibt es ausreichend Handlungsmöglichkeiten?
12. Ist das Material geeignet?
13. Sind die Arbeitsgeräte, Werkzeuge, Hilfsmittel geeignet?
14. Welche Haltung nimmt die beobachtende Person ein, welches Menschenbild liegt zugrunde?
15. Welche Beobachtungen haben andere Fachkräfte oder Angehörige gemacht und wie bewerten sie diese Beobachtungen?

Beobachtung erfolgt in der Regel durch Fach-/Assistenzkräfte, die sich auch in einer Interaktion befinden. Daher sprechen wir auch von *teilnehmender Beobachtung*. Die Ausrichtung bei Beobachtungen erfolgt in Richtung einer ganzheitlichen Lebenswelt, die sich uns im Rahmen des Alltags der Tagesstätte zeigt. Verschiedene Lebensbereiche wie Arbeit, Bildung, soziale Kontakte, Gesundheit, psychisches Wohlbefinden, Gestaltung der arbeitsfreien Zeit, Tätigkeiten außerhalb der Einrichtung oder kulturelle Angebote werden berücksichtigt. Teilhabe an Bildung und Arbeit erhalten hierbei einen besonders hohen Stellenwert, da es um die Findung eines Arbeitsplatzes geht.

Theorie ist, wenn man alles weiß und nichts klappt,
Praxis ist, alles klappt und man weiß nicht, warum.

Berufsorientierungsplan

Beobachtungen werden zu allen Bereichen im Tagesstätten-Alltag dokumentiert. Ebenso gibt es unterschiedliche Instrumente, um Erfahrungen festzuhalten, die sich daraus ergeben, dass Teilnehmer sich in verschiedenen Arbeitsbereichen ausprobieren. Besonders in den ersten Monaten ist eine gute Beobachtung und Bestandsaufnahme von großer Bedeutung. In der *Berufsorientierungserhebung* werden alle Informationen zusammengefügt, die sich im Laufe des ersten halben Jahres als wichtig herausgestellt haben und mögliche Präferenzen sowie Kompetenzen aufzeigen. Es wird beschrieben, welche Tätigkeiten der Teilnehmer in den verschiedenen Arbeitsbereichen macht. Ebenso werden Schlüsselqualifikationen wie Konzentrationsfähigkeit, Ausdauer und Motivation wöchentlich dokumentiert. Eine Schlüsselfrage ist zielleitend dafür, was und wie dokumentiert wird. Diese wird regelmäßig überprüft und kann durch eine neue Schlüsselfrage ersetzt werden.

> *Herr Dreher singt mit großer Begeisterung mit*
> Am Beispiel von Herrn Fabian Dreher wird deutlich, wie vielseitig und gleichzeitig wie präzise die Berufsorientierungserhebung aussehen kann.
> Herr Dreher kam direkt nach Beendigung seiner Schulzeit in die Textilgruppe einer Tagesstätte.

Für die Berufsorientierungserhebung wurden Beobachtungen aus dem Alltag der verschiedenen Lebensbereiche von Herrn Dreher zusammengefasst. Für die Dokumentation der Beobachtungen wurden selbst entwickelte Formulare angewendet. Aus diesen Ergebnissen entstand eine Ist-Standanalyse in Bezug auf die persönlichen Bedarfe und Potenziale.

Auszug aus den Beobachtungen:

Sozialverhalten: Herr Dreher hat ein freundliches Wesen und geht offen auf andere Menschen zu. Feste Bezugspersonen sind Herrn Dreher sehr wichtig und vermitteln ihm die nötige emotionale Sicherheit. Kontinuierliche soziale Beziehungen stärken sein Vertrauen in Bezug auf den Umgang mit seinen schweren Lebensmittelallergien und seinem Asthma.

Orientierung räumlich: In bekannter Umgebung kann sich Herr Dreher gut orientieren. In fremder Umgebung und in großen Menschenmengen benötigt er ständige Assistenz, die ihm zur Seite steht und die nötige Sicherheit vermittelt.

Orientierung zeitlich: Herr Dreher braucht Unterstützung, um sich seine Zeit für bestimmte Aufgaben zu strukturieren. Es scheint für ihn hilfreich zu sein, wenn ihm mitgeteilt wird, wann eine Tätigkeit beginnt und endet. Herr Dreher erfragt häufig die nächsten Ereignisse des Tages. Mit intensiver Assistenz kann er die Uhr lesen.

Motorik und Bewegung: Herr Dreher hat eine Gehbehinderung und geht in seinem individuellen Tempo. Mit den Händen führt er grobmotorische Bewegungen aus und benötigt Unterstützung z.B. beim Schließen von Knöpfen und Reißverschlüssen.
Er kann den Pinzettengriff gezielt einsetzen und mit dem Zeigefinger der rechten Hand auch kleine Knöpfe drücken. Er ver-

fügt über eine Hand-Hand-Koordination und über eine Hand-Augen-Koordination. Für viele Tätigkeiten z.B. »Schneiden mit der Schere« nutzt er beide Hände. Es scheint hilfreich für Herrn Dreher zu sein, wenn er daran erinnert wird, bei seinen Tätigkeiten auf die Hände zu schauen.

Konzentration und Motivation: Herr Dreher wirkt motiviert, neue Tätigkeiten kennenzulernen und auszuprobieren. Nach erledigten Aufgaben wirkt er stolz und scheint sich sehr zu freuen. In einer 1:1 Betreuungssituation kann er sich am besten und über einen längeren Zeitraum konzentrieren.
Bei Aufgaben, die er allein bewältigt, z.B. Malen und Ausfüllen von Übungszetteln zum Schreiben und Lesen, wird er durch das Gruppengeschehen abgelenkt und verfügt deshalb über ein schwankendes Konzentrationsvermögen.

Kommunikation / Interessen / Fähigkeiten: Herr Dreher nutzt einen großen aktiven und passiven Wortschatz. Er antwortet gezielt auf Fragen und kann seine eigenen Bedürfnisse in Alltagszusammenhängen verbal äußern. Einzelne Worte und Buchstaben kann Herr Dreher abschreiben. Außerdem ist er in der Lage, kurze Sätze allein und zum Teil mit Assistenz zu lesen. Einstellige Zahlen kann er benennen und eine für ihn überschaubare Menge an Gegenständen abzählen. Herr Dreher hört sehr gerne Musik und singt mit großer Begeisterung Textpassagen mit. Mit Begleitung löst er Denkspiele, bei denen Farben und Formen zugeordnet werden müssen. Herr Dreher kann Formen wie Kreis, Quadrat, Dreieck sicher benennen.

Arbeitsbereich: Herr Dreher kann das Pedal der Nähmaschine mit dem Fuß betätigen und die Assistenzkraft führt den Stoff. Herr Dreher wählt mit Unterstützung das Nähgarn aus, schneidet

Fäden mit der Schere ab, stellt den Nähmaschinenfuß hoch / runter und ist am Auf- / Abbau des Arbeitsplatzes beteiligt. Herr Dreher kann mit Unterstützung die fertigen Kissen in Tüten verpacken. Alle Tätigkeiten führt er nach verbaler Aufforderung aus. Herr Dreher kann mittlerweile viele Arbeitsmaterialien benennen. Als übergeordnete Tätigkeit benennt er im Morgenkreis die fehlenden Personen. Meist gelingt ihm dies ohne Hilfestellung. Herr Dreher zeigte sich erfreut und ist stolz über dieser Aufgabe.

An dem Beispiel zeigt sich die Vielfalt der Lebensbereiche, die mit einfließen. Sie öffnet den Fokus, zeigt Möglichkeiten auf zur Entfaltung der Persönlichkeit und weist auf Bereiche hin, in denen Lernerfolge möglich sein können. Aber ebenso lässt sich eine gezielte Fragestellung bearbeiten, genaue Zielsetzungen formen. Es lassen sich Themen eingrenzen, die erreichbar scheinen, realistisch innerhalb einer Zeitschiene umsetzbar und mit den vorhandenen Bedingungen kompatibel sind.

In einem *Berufsorientierungsplan* werden die Aspekte der verschiedenen Qualifikationsbereiche aus der Berufsorientierungserhebung und der Fähigkeitsanalyse festgeschrieben. Prioritäten werden ermittelt und festgehalten. Für die einzelnen Bereiche werden Ziele, Maßnahmen, eine Zeitschiene, Zuständigkeiten und zwei Überprüfungstermine festgelegt.

Herr Dreher traut sich immer mehr zu

Alle Qualifizierungsbereiche wurden von der Fachkraft vor dem Hintergrund seiner Kompetenzen und Entwicklungsmöglichkeiten betrachtet, die entscheidenden Aspekte herausgearbeitet und mit Herrn Dreher besprochen. Beim Heranführen an neue Tätigkeiten in der Arbeitsgruppe scheint es für Herrn Dreher hilfreich zu sein, dass die Fachkraft einen kleinteiligen Arbeitsschritt zunächst vorführt, so dass er erst zuschauen kann, bevor er die Tätigkeit erlernt.

Unser Eindruck ist, dass das wiederholte Ausführen von erlern-

ten Tätigkeiten die Selbstsicherheit von Herrn Dreher stärkt und er sich mit der Zeit immer mehr zutraut.
Die Themen für die Erhebung wurden den verschiedenen *Qualifikationsbereichen* zugeordnet: Kulturtechniken, allgemeine Qualifikationen, Schlüsselqualifikationen und Arbeitsprozessqualifikationen.
Im Bereich der allgemeinen Qualifikationen wird vereinbart, dass mit Herrn Dreher täglich die Tagesplanung besprochen wird, um die Weiterentwicklung seiner Selbstständigkeit sowie eine bessere Orientierung im Tagesverlauf zu ermöglichen.
Maßnahmen und Lernschritte, die zu diesem Ziel führen sollen, sind kleinschrittig aufgeführt und bauen aufeinander auf:
1. Fertigstellung des Wochen-/Tagesplans in gemeinsamer Gestaltung.
2. Einführung der anderen Fachkräfte der Gruppe in den Wochen-/Tagesplan auf der Gruppenbesprechung.
3. Gemeinsame Nutzung des Plans > Herr Dreher und Fachkräfte.
4. Herr Dreher nutzt den Plan selbstständig und spricht Aktivitäten mit zuständiger Fachkraft von sich aus ab.

In dem *Berufsorientierungsplan* von Herrn Dreher werden die Arbeitsprozessqualifikationen zum zentralen Aspekt. Denn hier zeigen sich vor allem die Kompetenzen und die Entwicklungsmöglichkeiten von Herrn Dreher.
Die Auswertung der Abfrage Qualifizierung ergab, dass er bei jedem Arbeitsschritt eine verbale Aufforderung der Fachkraft benötigte, um seine Tätigkeit zu beginnen. Weiterhin hatte er Probleme, sich die Reihenfolge der Arbeitsschritte zu vergegenwärtigen.
Daraus entstand das Ziel: Erlernen der Handlungsabfolge im Arbeitsbereich »Kissen verpacken«. Die Maßnahme bestand darin,

Fotos von Herrn Dreher während seiner Arbeitstätigkeiten herzustellen, die Fotos zu laminieren und die Rückseite zu beschriften. Als Orientierung diente das Modul »Kissen verpacken«. Die entstandenen *Arbeitsplankarten* zeigen die Schrittfolge der Tätigkeit »Kissen verpacken« auf und werden vor jeder Arbeitssequenz auf den Arbeitsplatz gelegt, so dass sich Herr Dreher daran orientieren kann.

Der Berufsorientierungsplan wird von der Fachkraft vorbereitet, im Team und mit dem Teilnehmer, ggf. mit Personen aus seinem Umfeld, wie Mitarbeiter aus der Wohngruppe oder einer selbst gewählten Vertrauensperson, besprochen.

Die Auswertung erfolgt in den letzten drei Monaten von Feinwerk. Jegliche Veränderungen, z.B. der Arbeitstätigkeiten oder der Projekte, werden bei den Überprüfungen, die alle sechs Monate stattfinden, schriftlich festgehalten. Im Rahmen dieser Auswertung erfolgt auch die Entscheidung oder Planung für die nächsten Schritte oder den zukünftigen Arbeitsplatz.

Module

Die fachspezifischen Module zeigen die Arbeitsangebote kleinteilig in ihren jeweiligen Arbeitsschritten, sie vermitteln also, »was« gelernt werden soll. Um festzustellen, wie der Teilnehmer sich bei der jeweiligen Tätigkeit verhält, wie sich sein Zugang zum Arbeitsangebot gestaltet, wurde eine besondere Abfrage entwickelt und den fachspezifischen Modulen beigefügt.

Die Einschätzung der Fähigkeiten der Teilnehmer erfolgt über Kategorien:

Die Person beobachtet

Passiv, ohne aktiven Einsatz; richtet den Blick auf das Objekt, den Gegenstand und/oder auf die Tätigkeit.

Sie entwickelt Interesse

Anzeichen und Ansätze des aktiven Einsatzes sind vorhanden; die Tätigkeit wird angestrebt; die Aufmerksamkeit richtet sich merklich auf das Objekt, die Tätigkeit, z.B. durch einen verbalen Ausruf, eine Geste oder den sicheren Blickkontakt.

Ihr wird gezeigt

Es bestehen noch keine Kenntnisse über den Vorgang, den Ablauf und die Umsetzung einer Tätigkeit; eine Tätigkeit zu übernehmen wird abgelehnt; kein aktiver Einsatz; der Ablauf wird deutlich gemacht und gezeigt; der Teilnehmer verfolgt mit seinem Blick den Arbeitsgang und fasst vielleicht ganz kurz das Material, einen Hebel o.Ä. an, lässt aber schnell wieder los.

Sie probiert aus

Ist aktiv selbst oder mit Handführung beteiligt; Beratung ist noch notwendig, da die Tätigkeit oder der Ablauf noch nicht ganz klar/schlüssig sind, die Sicherheit und Routine fehlt; Teile des Ablaufes werden vollzogen, ein Gegenstand, eine Bewegung wird wahrgenommen und mit umgesetzt.

Sie arbeitet mit Assistenz

Mit Handführung und Anleitung/Beratung wird die gesamte Tätigkeit durchgeführt, z.B. kognitiv sich einbringen, sich äußern, zwischen zwei Farben, Objekten, Geschmäckern entscheiden, grob- oder feinmotorisch eine Bewegung durchführen, einen Hebel drücken, eine Kurbel drehen, etwas reichen, eine Tätigkeit durchführen wie Rühren, Schieben, Befüllen, Schneiden, Eintüten usw.

Sie arbeitet eigenständig
> Ist aktiv beteiligt; kann eine Tätigkeit oder einen Arbeitsablauf vollziehen; die Art und Weise der Beteiligung ist logisch und wird gemeinsam oder allein vollzogen; Durchführung einer gesamten Tätigkeit oder eines Prozesses.

Die einzelnen Arbeitsbereiche werden in ihre unterschiedlichen Tätigkeiten feingliedrig aufgeschlüsselt und in den fachspezifischen Modulen sowie den Arbeitsplänen abgebildet. Im Arbeitsbereich Papier heißt ein fachspezifisches Modul »Papier Stanzen«, die Arbeitsschritte lassen sich aufgliedern in die Arbeitsvorbereitung (Arbeitsschürze anziehen, Materialien, Gerät holen, Arbeitsplatz aufbauen), die Umsetzung (z.B. Papier einlegen, den Stanzhebel nach unten bewegen, nach oben bewegen, das Papier entnehmen, das Papier ablegen) und die Arbeitsnachbereitung (die Materialien, Geräte wegräumen, Arbeitsschürze weghängen).

Die fachspezifischen Module geben einen Überblick über die grob- und feingliedrigen Arbeitsschritte, die zu einem Arbeitsprozess gehören.

Um eine erfolgreiche Dokumentation zu erreichen, wird die Dokumentation aufeinander abgestimmt, z.B. zwischen den fachspezifischen Modulen und der Qualifikation. Einzelne Aspekte aus den fachspezifischen Modulen können in der Abfrage Qualifikation vertieft werden. Bei der Abfrage Qualifikation sind die Form der Abfrage und die Fokussierung auf Kernthemen zielführend. Es geht nicht um eine möglichst umfassende Dokumentation bei der Abfrage Qualifikation, sondern um die Entwicklung einer gezielten Fragestellung. Die Entwicklung der Fragestellung beinhaltet, dass die Fachkräfte sich intensiv mit dem Teilnehmer auseinandersetzen, um eine solche Fragestellung entwickeln zu können. Auf diese Fragestellung werden die Zielsetzungen, die Maßnahmen und damit die Dokumentation zugeschnitten. Mit dem Ziel und der Zielformulierung sortieren wir im gleichen Prozess unsere Gedanken und halten konkrete wegweisende Beschreibungen fest, die die Prioritäten im Lernprozess für die Teilnehmer ausmachen. Ohne eine konkrete Zielformulierung und ohne gezielte Fragestellungen wüssten wir nicht, worauf hin wir unsere pädagogische Arbeit ausrichten sollen. Die Maßnahmen beschreiben, was die Fachkräfte und die Teilnehmer jeweils dafür tun, um das Ziel zu erreichen. Durch entsprechende Maßnahmen und deren fortlaufende Beobachtung können wir eine Fragestellung beantworten und zu sinnvoller Teilhabe kommen.

Die formulierten Ziele sollten nach SMART (www.zeitblueten.com) ausgerichtet sein.

Die SMART-Regeln

S für spezifisch = wie spezifisch geeignet ist das Ziel für den jeweiligen Teilnehmer? Für einen Teilnehmer kann z.B. ein Ziel darin bestehen, regelmäßig beim Einkaufen den Einkaufswagen zu holen, für einen anderen könnte es das Erlernen einer konkreten Arbeitstätigkeit sein.

M für messbar = wie sind Ziele messbar? Das Ziel »Der Teilnehmer kann selbstständiger einkaufen gehen« ist nicht konkret messbar, wohl aber das Ziel »Der Teilnehmer kann einzelne Waren selbstständig in den Einkaufswagen legen«.

A für akzeptiert = Das Ziel muss von dem Teilnehmer akzeptiert und gewünscht sein, sonst wird er die notwendige Mitarbeit zur Zielerreichung verweigern.

R für realistisch = Die Erreichung des Zieles sollte in einem bestimmten Zeitraum realistisch sein. Es motiviert, wenn ein Ziel erreicht werden konnte. Es demotiviert, wenn ein weitreichendes Ziel vereinbart wird, welches dann nicht erreicht wird.

T für terminiert = Der Zeitpunkt der Zielerreichung muss festgelegt und überschaubar sein.

Die Ziele werden im halbjährigen Rhythmus auf ihre Aktualität überprüft. Die Zielerreichung und reale Ergebnisse oder Veränderungen werden festgehalten und das weitere Vorgehen festgelegt. Die Lernziele ergeben sich aus unserer Alltagspraxis und den verschiedenen Qualifikationsbereichen. Die Dokumentation der fachspezifischen Module hat insgesamt ein stabiles Gerüst, wird aber im Rahmen von Evaluation weiterentwickelt. Mit der Entwicklung und Anwendung der fachspezifischen Module werden formale Bildungsinhalte abgedeckt. Die fachspezifischen Module bilden einen Teil des Lehrplans von Feinwerk ab.

6. Auf die Mitarbeiter kommt es an
Qualifizierung von Fachkräften
Die Arbeit von fachlich qualifizierten und motivierten Fachkräften bildet die Grundlage der Qualitätssicherung in der Arbeit (s. LMBH 2009, S. 14). Auch Lamers und Klauß machen in ihren Beiträgen in diesem Buch deutlich, dass die berufliche Bildung für Menschen mit hohem Hilfebedarf eine sehr komplexe Aufgabe darstellt, die einer fundierten Ausbildung bedarf.

Das Konzept Feinwerk ist in enger Abstimmung mit Fachkräften aus Tagesstätten entwickelt worden. Auch die Qualifizierung von weiteren Fachkräften in anderen Tagesstätten ist mit einem starken Praxisbezug verbunden. Fachkräfte mit pädagogischer Qualifikation und langjähriger Berufserfahrung werden berufsbegleitend in einer Fortbildung über 200 Stunden innerhalb von zweieinhalb Jahren ausgebildet.

Das Gelernte wird sogleich in der Praxis angewendet und das erworbene Wissen später in der eigenen Einrichtung weitergegeben. Gesammelte Erfahrungen im Rahmen dieser zweijährigen Fortbildungen werden ausgewertet und in die Verfahrensanweisungen einfließen. So ist garantiert, dass Feinwerk neue Anregungen aufnimmt und ein sich verbesserndes System bleibt.

In der Schulung werden grundlegende Inhalte sowie methodisch-didaktisches Handwerkszeug vermittelt. Daneben wird die praktische Umsetzung gemeinsam erarbeitet und nach der Praxiserprobung reflektiert. Die Kursteilnehmer bringen ihre Praxiserfahrungen in die Schulungskurse konstruktiv ein. Damit gelingt es, »best practice« Beispiele direkt in das Konzept einzuarbeiten. Daneben können Materialien, Formulare und Verfahrenshinweise angepasst oder verbessert werden. Ein Schulungshandbuch wird im Rahmen der Schulung weiterentwickelt, es handelt sich um ein »lernendes« System.

Die fachspezifischen Module, die die Arbeitstätigkeiten aufschlüsseln und im Detail erklären, werden ständig erweitert. Es zeigt sich in der Aufschlüsselung der Arbeitsbereiche in Module und kleinste Schritte, welche Vielfalt an Arbeitsinhalten tatsächlich vorhanden und möglich ist. Alle Beteiligten erhalten einen ausgezeichneten Überblick über ihren Arbeitsalltag und erfahren, welche Qualität und Vielfalt ihr Arbeitsbereich bietet.

Qualifizierung bedeutet auch, sich selbst ein differenziertes Bild zu erschließen und die eigene Arbeit zu reflektieren. In der Schulung werden Anlässe gegeben, um eine konstruktive Auseinandersetzung mit den Inhalten, Gegebenheiten und Zielen von Feinwerk zu erreichen. In der gemeinsamen Erarbeitung erschließt sich berufliche Bildung und wird gleichzeitig in der Praxis überprüft.

Kooperationen und Netzwerke

Eine gute Berufsbildung beinhaltet auch die Möglichkeit, verschiedene Arbeitswelten kennenzulernen. Durch Kontakte und Kooperationen außerhalb der Einrichtungen können neue Aspekte gelernt und erlebt, das Gelernte in neuen Zusammenhängen angewendet werden.

Leben mit Behinderung Hamburg gestaltet in den jeweiligen Stadtteilen der Einrichtungen mit verschiedenen Institutionen wie Schulen und Werkstätten gemeinsame Projekte und arbeitet zusammen. Fortbildungsangebote werden gemeinsam für Beschäftigte der Tagesstätte und der Werkstatt durchgeführt. Auf Verkaufsmärkten werden Produkte aus dem Alltag der Einrichtung beispielhaft hergestellt, die Teilnehmer leiten Besucher an oder führen die Herstellung vor.

Die bisherigen Erfahrungen zeigen, dass von vielen Teilnehmern eine heterogene Gruppenzusammensetzung gerne angenommen wird, es kann viel miteinander und voneinander gelernt werden. Zur Zusammenarbeit gehören weiterhin gegenseitige Hospitationen und der Austausch von Fachpersonal sowie gegenseitige Praktika. Auch für die Weiterentwicklung von Angeboten der beruflichen Bildung als auch von dauerhaften Arbeitsangeboten sind Kooperationen mit weiteren Anbietern und Initiativen dringend erforderlich.

Der Arbeitskreis »Bildung ist Teilhabe« ist von Thorsten Lengsfeld in diesem Buch beschrieben. Das Netzwerk Arbeit Hamburger Tages(förder)stätten (NAHT) ist eine trägerübergreifende Arbeitsgruppe von Tagesstätten und Tagesförderstätten in Hamburg. Das Netzwerk dient dem fachlichen Austausch und leichteren Übergängen von Beschäftigten in andere Arbeitsfelder oder Einrichtungen. Es werden gemeinsame Informationsveranstaltungen geplant und gemeinsame Verkaufsmärkte durchgeführt. Kooperation wird gefördert, Aufklärungsarbeit über die Einbeziehung von Menschen mit hohem Unterstützungsbedarf in das Arbeitsleben unterstützt.

Schulische Einrichtungen und Angebote der Erwachsenenbildung geben didaktische Hilfen und ermöglichen reibungslose Übergänge sowie Ergänzungen zu den Angeboten einer Einrichtung.

Perspektiven

In der Praxis hat sich gezeigt, dass die Teilnehmer im Rahmen von Feinwerk neue Chancen erhalten, ihre Fähig- und Fertigkeiten auszubauen, zu erweitern oder sich zu spezialisieren. Die Teilnehmer gehen einen Weg zwischen Stabilitäten (das sind feste Bezugsbetreuer, feste Tages- und Wochenstrukturen, eine Zugehörigkeit zu einer Arbeitsgruppe) und Instabilitäten (das sind z.B. neue Anforderungen an neue Arbeitsmaterialien, Geräte und Maschinen und Anleitungen durch andere Mitarbeiter, neue Gruppenstrukturen oder die Teilnahme an einem Projekt). Wir betrachten Feinwerk nicht als einen abgeschlossenen Prozess. Die Weiterentwicklung wird aktiv verfolgt. Im Bereich der Suche nach Teilhabemöglichkeiten für Beschäftigte fällt es nicht leicht, eine zündende Idee in Richtung Teilhabe zu entwickeln und zu realisieren. Viele neigen dazu, schnell aufzugeben, wenn Teilnehmer sich scheinbar kaum auf ein Angebot einlassen und keine Entwicklungstendenzen deutlich werden. Die Chance besteht, dass mit der Schulung und Auseinandersetzung mit dem Arbeitskonzept »Arbeit für Alle« und Feinwerk hier weiter ein Umdenken und Neudenken ermöglicht wird. Lernen und sich bilden, an Arbeit teilhaben ist ein auf lange Sicht angelegter Prozess. Visionen und Ideen für die Zukunft sind auf den Einzelnen bezogen.

Der festgelegte äußere Rahmen in Form von Konzept, Lehrplan und Rahmenplan von Feinwerk hat ein festes Gerüst erhalten. Dieses lässt aber in sich Veränderungen und Erweiterungen zu. Bewusst begrenzen wir die Dauer von Feinwerk auf zwei Jahre und drei Monate. Im Sinne der Normalität im Vergleich zu einer regelhaften Bildungsmaßnahme oder Ausbildung, bei denen es auch immer einen festen Zeitrahmen gibt. Für die Teilnehmer ist diese feste Struktur mit einem Abschluss ein wichtiges Zeichen, etwas gelernt zu haben und neue Wege zu gehen. Lebenslanges Lernen und Sich-bilden sowie Arbeiten gehören zum weiteren Weg jedes Einzelnen. Sinnvolle Tätigkeit wird in den Arbeitsbezügen dadurch selbstverständlich.

Feinwerk schafft neue Qualität in den bestehenden Arbeitsgruppen von Tagesstätten. Die Teilnehmer erhalten Unterstützung, sich im Verlauf von Feinwerk zu qualifizieren und neue Wege zu gehen. Fachkräfte werden qualifiziert und übernehmen Teile aus diesem Konzept in ihren Gruppenalltag für die Beschäftigten, die schon viele Jahre dabei sind. Nur mit dieser Qualifizierung und dem Engagement der Fachkräfte, der Tatkraft und der aktiven Mitgestaltung gelingt es, Feinwerk als ein aktives System im Tagesstättenalltag zu verankern. Mit der angeschlossenen Entwicklung von arbeitsunterstützenden Geräten konnten neue Beteiligungsmöglichkeiten geschaffen und neue Geräte gebaut werden. Für einzelne Teilnehmer wurde so eine bessere Beteiligung am Arbeitsprozess möglich.

Die Zusammenarbeit mit der Fachhochschule Heidelberg und weiteren Ausbildungsstätten führen wir gerne weiter fort. Leben mit Behinderung Hamburg bietet Schulungen und konzeptionelle Beratung für Mitarbeiter oder Führungskräfte anderer Träger zur Einführung oder Weiterentwicklung von beruflichen Bildungsmaßnahmen an. Im Rahmen von internen und externen Schulungen oder Fortbildungen werden die guten Praxiserfahrungen gerne an weitere Einrichtungen wie Tagesförderstätten oder Fördergruppen weitergegeben.

Die Annahme hat sich gefestigt, dass viele Beschäftigte in Tagesstätten flexibel sind, sich auf Neues einstellen und insgesamt aufgeschlossen gegenüber neuen Tätigkeiten sind. Die Art und Weise, an Tätigkeiten herangeführt zu werden, bedarf eines sehr unterschiedlichen Zugangs, der Kreativität und Ideenreichtum erfordert. Wenn hier gedacht, probiert und gemeinsam gestaltet wird, ist vieles möglich, denn die Teilnehmer zeigen, dass sie sich bilden wollen und offen für Neues sind. Die Grundhaltung, Veränderungen zu wollen und neue Wege zu gehen, muss bei allen Beteiligten vorhanden sein um Lernen, Bildung sowie eine umfassende Teilhabe an Arbeit zu realisieren.

Viele Beschäftigte haben nicht gelernt, von sich aus Wünsche zu äußern oder sich zu entscheiden, weil häufig für sie entschieden wird. Deswegen ist es notwendig, Alternativen aufzuzeigen und eine Auswahl an Methoden wie Hilfen zur Kommunikation, Zukunftsfeste und Unterstützerkreise einzubeziehen sowie Bedingungen zur Verfügung zu stellen, in der die Beschäftigten lernen, eigene Wünsche und Ideen zu zeigen oder zu äußern. Der beschriebene herausragende Bereich der Beobachtung bei Menschen mit hohem Unterstützungsbedarf ist bei Feinwerk weiterhin ein zentraler Aspekt, um herauszufinden, wo und wie Teilnehmer arbeiten möchten und können. Zu diesem Heranführen und Vermitteln gehört, dass die Fachkräfte qualifiziert werden, um selbst zu lernen, zu reflektieren und Visionen sowie Angebote zu entwickeln und auszugestalten. Gemeinsam stellen wir uns Fragen, die noch unbeantwortet sind oder neu entstehen. Orientiert an diesem Leitsatz werden wir uns weiter für berufliche Bildung und Menschen mit hohem Unterstützungsbedarf einsetzen.

Wir freuen uns über Anregungen und Rückmeldungen.

Veränderte Materialien, Formulare und Dokumentationsschemata werden auf der Homepage der Aktion Bildung (www.aktionbildung.de) öffentlich zugänglich gemacht. Ein Film über Feinwerk in leichter Sprache ist bei den Autoren erhältlich.

Literatur

Benkmann, Karl-Heinz; Bergsson, Marita: Der entwicklungstherapeutische Ansatz einer Pädagogik für Kinder und Jugendliche mit Verhaltensstörungen. In: Benkmann, K.H.; Saueressig, K. (Hg.): Fördern durch flexible Erziehungshilfe. Dortmund, VDS-Landesverband NRW, 1994, S. 73-101

Boban, Ines; Hinz, Andreas: Solidaritätsmanagement durch Persönliche Zukunftsplanung im Unterstützerkreis – ein Zukunftsfest. Leben mit Down-Syndrom H. 48, S. 46-51, Halle, 2005

Böhm, Winfried: Wörterbuch der Pädagogik. 14. überarbeitete Auflage, Stuttgart, Kröner Verlag, 1994

Boenisch, Jens; Daut, Volker (Hg.): Didaktik des Unterrichts mit körperbehinderten Kindern, Stuttgart, 2002

Bös, Klaus: Bündnis »Gesunde Kinder«. Vortrag auf dem Stuttgarter Sportkongress 9. November 2001

Brüggebors, Gela: Einführung in die Holistische Sensorische Integration (HST), Teil 1 Sensorische Integration (SI) und Holistische Evaluation. Dortmund, Verlag Modernes Lernen, 1992

Bruner, Jerome: Entwurf einer Unterrichtsmethode. München, 1974

Bundschuh, Konrad: Emotionalität, Lernen und Verhalten, Bad Heilbrunn, 2003

Busche, Andrea; Butz, Markus; Teuchert-Noodt, Gertraud: Lernen braucht Bewegung, Ein-Blicke in das Gehirn. In: Praxis der Naturwissenschaften Biologie in der Schule, Köln, Aulis Verlag Deuber, 2006

Dobbelstein, P.; Peek, R.; Schmalor, H.: An Ergebnissen orientieren. In: forum schule Magazin für Lehrerinnen und Lehrer, Heft 2, S. 14-18, 2003 dtv Wörterbuch zur Psychologie. München, 1994

Edlinger, Heidrun; Hascher, Tina: Von der Stimmungs- zur Unterrichtsforschung – Überlegungen zur Wirkung von Emotionen auf schulisches Lernen und Leisten. In: Unterrichtswissenschaft, 36(1), 55-70, 2008

Hascher, Tina: Wohlbefinden in der Schule. Münster, 2004

Häußler, Anne: Strukturierung als Hilfe zum Verstehen und Handeln: Die Förderung von Menschen mit Autismus nach dem Vorbild des TEACCH-Ansatzes. In: ISAAC und Bundesverband für Körper- und Mehrfachbehinderte e.V. (Hg.): Unterstützte Kommunikation mit nichtsprechenden Menschen. Tagungsband der 5. Fachtagung Dortmund 1999 (S. 52-61). Karlsruhe, Loeper Literaturverlag, 1999

Heinen, Norbert: Überlegungen zur Didaktik mit Menschen mit schwerer Behinderung. In: Lamers, W.; Klauß, T. (Hg.): ... alle Kinder alles lehren! – Aber wie? Düsseldorf, 2003, S. 55-78

Herringer, Norbert: Empowerment in der sozialen Arbeit, 2. erw. Auflage, Stuttgart, 2002

Hinz, Andreas (Hg.): Schwere Behinderung und Integration – Herausforderungen, Erfahrungen, Perspektiven. Marburg, 2007

Kistner, Hein: Arbeit und Bewegung – Entwicklungsfördernde Arbeit für Menschen mit schweren Behinderungen. Düsseldorf, Verlag selbstbestimmtes Leben, 2005

Klafki, Wolfgang: Neue Studien zur Bildungstheorie und Didaktik, Weinheim Beltz Verlag, 1991, S. 141-161

Köckenberger, Helmut: Bewegtes Lernen – Lesen, schreiben, rechnen lernen mit dem ganzen Körper; die »Chefstunde«. Basel, 1997

Köckenberger, Helmut: Vielfalt als Methode – Methodische und praktische Hilfen für lebendige Bewegungsstunden, Psychomotorik und Therapie. Basel, 2008, S. 75-86

Lamers, Wolfgang; Klauß, Theo (Hg.): ... alle Kinder alles lehren! –Aber wie? Düsseldorf, 2003

Lelgemann, Reinhard: Gestaltungsprozesse im Bereich der beruflichen Rehabilitation für Menschen mit sehr schweren Körperbehinderungen als Herausforderung der Werkstätten für Behinderte und Tagesförderstätten. Aachen, Verlag Mainz 1999, S. 60

Lelgemann, Reinhard: Entwicklungen und Herausforderungen einer Pädagogik für und mit Menschen mit Körper- und Mehrfachbehinderung. In: Volker Daut, Volker; Kienle, Dorothee; Lelgemann, Reinhard; Rimroth, Annette (Hg.): Teilhabe und Partizipation verwirklichen – Neue Aspekte der Vorbereitung auf die nachschulische Lebenssituation körper- und mehrfachbehinderter Menschen. Oberhausen, 2010

Lexikon – Wissenswertes zur Erwachsenenbildung. Berlin, 1998

Lipski, Stephan: Wider den stereotypen Unterrichtseinstieg. In: Geschichtsdidaktik 6, 1981

LMBH (Leben mit Behinderung Hamburg): Leitbild; Hamburg, September 2002

LMBH (Leben mit Behinderung Hamburg): Tagesstätten Konzept, Hamburg, Stand Mai 2009

Meyer, Hilbert: Unterrichtsmethoden. Band 2. Praxisband. Frankfurt a. M., Scriptor, 1994

Nielsen, Lilli: Greife und du kannst begreifen. Ed. Bentheim, 1995

Schmitt, Günter; Plassmann, Ansgar A.: Lern-Psychologie, Essen, 2005

Schumann, Katharina; Winkler, Michael: Schillers Vision ästhetischer Erziehung. In: Koerrenz, Ralf (Hg.): Laboratorium Bildungsreform. Jena als Zentrum pädagogischer Innovationen. München, Fink Verlag, 2009, S. 35-61

Schumann, Monika: Die »Behindertenrechtskonvention« in Kraft! – Ein Meilenstein auf dem Weg zur inklusiven Bildung in Deutschland?! http://www.inklusion-online.net/index.php/inclusion/article, Zeitschrift für Inklusion, Nr. 2, 2009 (geprüft 15.07.2010)

Speck, Otto: Bildung ein Grundrecht für alle. In: Dörr, Günther (Hg.): Neue Perspektiven in der Sonderpädagogik, Düsseldorf, 2003, S. 33-35

Theunissen, Georg: Wege aus der Hospitalisierung. Empowerment in der Arbeit mit schwerstbehinderten Menschen. Bonn, 2000

Theunissen, Georg; Lingg, Albert: Psychische Störungen bei geistig Behinderten, Freiburg im Breisgau, 1993, S.86ff.
Theunissen, Georg; Plaute, Wolfgang: Handbuch Empowerment und Heilpädagogik. Freiburg, 2002
Vester, Frederic: Denken, Lernen, Vergessen. München, 2007
Westecker, Mathias: Wir wollen im Arbeitsleben mehr als nur dabei sein. Vom Recht auf Arbeit in Tages(förder)stätten für Menschen mit schweren und mehrfachen Behinderungen. In: Bundesvereinigung Lebenshilfe: WfbM-Handbuch, 13. Ergänzungslieferung, Marburg, 2005

Internetseiten
www.leben-mit-behinderung-hamburg.de (geprüft 01.10.2010)
www.aktionbildung.de (geprüft 01.10.2010)
http://www.humanrights.ch/home/de/Instrumente/AEMR/Text/ (geprüft 16.06.2010)
www.etep.org (geprüft 20.07.2010)
www.uni-karlsruhe.de/~sportwiss/Personal/Boes/GesundeKinder.pdf (geprüft 20.10.2010)
Sitas-Projekt: http://www.phhd-forschung.de/druck_projekt.php?id=227 (geprüft 08.11.2010)

Redaktion

Nadine Voß
Dipl. Sozialpädagogin, Projektleitung bei Leben mit Behinderung Hamburg für Feinwerk – Berufsbildung für Menschen mit schweren Behinderungen. Seit 1994 in unterschiedlichen Arbeitsfeldern der Behindertenhilfe tätig. Seit 2007 bundesweite Vorträge und Fortbildungen. Mitarbeit im bundesweiten Arbeitskreis »Bildung ist Teilhabe« der BAG:WfbM.

Mathias Westecker
Magister Artium (M.A.), Sozialmanagement, Bereichsleitung bei Leben mit Behinderung Hamburg, Arbeitsschwerpunkte: Unterstütztes Arbeiten für Menschen mit schwerer Behinderung, Persönliches Budget für Menschen mit Lernschwierigkeiten.

Autoren

Stefan Doose
Dr., Berufsschullehrer an der Fachschule für Sozialpädagogik in Lensahn und Koordinator des Projektes »Neue Wege zur Inklusion – Zukunftsplanung in Ostholstein«. Er arbeitet seit vielen Jahren zu Themen der beruflichen und sozialen Inklusion, insbesondere der Unterstützten Beschäftigung und Persönlichen Zukunftsplanung.

Theo Klauß
Prof. Dr., Professor für Pädagogik für Menschen mit geistiger Behinderung an der Pädagogischen Hochschule Heidelberg. Inhaltliche Schwerpunkte:

Inklusion und Bildung für alle Menschen – besonders auch für solche mit schwerer und mehrfacher Behinderung; Menschen mit Autismus; Menschen mit besonderen Verhaltensweisen; Wohnen; Menschen mit Behinderungen im Alter.

Wolfgang Lamers
Prof. Dr., Professur für Allgemeine Sonderpädagogik und Mehrfachbehindertenpädagogik an der Pädagogischen Hochschule Heidelberg. Arbeitsschwerpunkte: Menschen mit schwerer Behinderung in schulischen und außerschulischen Arbeitsfeldern; Didaktik und Methodik; Spiel; Neue Technologien; International vergleichende Sonderpädagogik.

Konrad Lampart
Software AG-Stiftung Darmstadt, Fachwirt und Sozialtherapeut, langjährige Erfahrungen in der Arbeit mit Menschen mit Behinderung, Projektleiter bei der Software AG-Stiftung mit dem Schwerpunkt Behindertenhilfe.

Andreas Laumann-Rojer
Dipl. Heilpädagoge; Referent für Bildung und Soziales bei der BAG:WfbM, Schwerpunkte: Berufliche Bildung für Menschen mit Behinderungen; Personalentwicklung, Fort- und Weiterbildung der Leitungskräfte/der Fachkräfte für Arbeits- und Berufsförderung; Zuständig für sozial- und bildungspolitische Rechtsgrundlagen; Mitwirkung und Mitbestimmung von Menschen mit Behinderungen: Verantwortlich für www.aktionbildung.de

Torsten Lengsfeld
Erzieher, Studium der Musik und Theologie, seit dem Jahre 2000 in der Marli GmbH Lübeck im Bereich Berufliche Bildung und Rehabilitation tätig, seit 2003 Leitung des Bereiches Marli-Beratung und Bildung, seit 2007 Vorstandsvorsitzender des »Lübecker Bündnis. Verein für seelische Gesundheit e.V.«, Mitglied des Ethikforums des »Berliner Philosophenring«.

Sebastian Tenbergen

Legum Magister (Meister der Rechte, LL.M.), arbeitet als Referent für Sozialrecht und Sozialpolitik beim Bundesverband für körper- und mehrfachbehinderte Menschen e.V. in Düsseldorf und ist nebenberuflich als Rechtsanwalt in Oberhausen tätig. Der inhaltliche Schwerpunkt der Berufsausübung liegt im Schwerbehindertenrecht. Darüber hinaus schreibt er eine Dissertation zu dem Thema »Die Eingliederungshilfe in Deutschland und Österreich im Lichte der UN-Behindertenrechtskonvention«.

Ich kann mehr!

Der Film »*Feinwerk – Ich habe einen Arbeitsplatz!*«
ist für 12,80 Euro über www.53grad-nord.com zu bestellen.

Formulare und Downloads zu Feinwerk werden auf der Homepage
www.aktionbildung.de zur Verfügung gestellt.

Leben mit Behinderung Hamburg bietet **Schulungen und Fortbildungen**
für Mitarbeiter von Tagesförderstätten oder Fördergruppen an,
z. B. einführende Grundkurse und/oder begleitende Qualifizierungen
für Assistenten und Führungskräfte – je nach Ihren Wünschen.
Bei Interesse nehmen Sie gerne Kontakt zu uns auf!

Leben mit Behinderung Hamburg, Feinwerk, Südring 36, 22303 Hamburg
feinwerk@lmbhh.de ▪ www.lmbhh.de

Aktuell bei 53° Nord

Dieter Basener / Silke Häußler
Bamberg bewegt
Integration in den Arbeitsmarkt:
Eine Region wird aktiv
Im Gespräch
ISBN 978-3-9812235-1-4
160 Seiten / 19,80 Euro

Dieter Basener
Hamburger Arbeitsassistenz
Das Original der
Unterstützten Beschäftigung
Im Gespräch
ISBN 978-3-9812235-3-8
192 Seiten / 19,80 Euro

Jochen Walter / Dieter Basener
Werkstätten am Markt
Von der Idee zur Marke
Auf Erfolgskurs
ISBN 978-3-9812235-2-1
168 Seiten / 19,80 Euro

Jochen Walter / Dieter Basener
Mitten im Arbeitsleben
Werkstätten auf dem Weg
zur Inklusion
Auf Erfolgskurs
ISBN 978-3-9812235-4-5
216 Seiten / 19,80 Euro

53° Nord Agentur und Verlag
Ein Geschäftsbereich der Elbe-Werkstätten GmbH
Behringstraße 16a / 22765 Hamburg / 040-414 37 59 87
info@53grad-nord.com / www.53grad-nord.com